Rund um Märchen

Kopiervorlagen für den Deutschunterricht

Herausgegeben von
Ute Fenske

Erarbeitet von
Heliane Becker, Claudia Dreyer,
Ute Fenske, Wolfgang Finke
und Elke Wellmann

Redaktion: Dirk Held, Berlin
Bildrecherche: Angelika Wagener
Illustrationen: Sylvia Graupner, Annaberg
Umschlaggestaltung: Katrin Nehm
Technische Umsetzung: Manuela Mantey-Frempong, Berlin

www.cornelsen.de

Die Links zu externen Webseiten Dritter, die in diesem Lehrwerk angegeben sind,
wurden vor Drucklegung sorgfältig auf ihre Aktualität geprüft. Der Verlag übernimmt
keine Gewähr für die Aktualität und den Inhalt dieser Seiten oder solcher,
die mit ihnen verlinkt sind.

1. Auflage, 8. Druck 2023

© 2006 Cornelsen Verlag, Berlin
© 2018 Cornelsen Verlag GmbH, Berlin

Das Werk und seine Teile sind urheberrechtlich geschützt.
Jede Nutzung in anderen als den gesetzlich zugelassenen Fällen bedarf
der vorherigen schriftlichen Einwilligung des Verlags.
Hinweis zu §§ 60a, 60b UrhG: Weder das Werk noch seine Teile dürfen ohne eine solche
Einwilligung an Schulen oder in Unterrichts- und Lehrmedien (§ 60b Abs. 3 UrhG)
vervielfältigt, insbesondere kopiert oder eingescannt, verbreitet oder in ein Netzwerk
eingestellt oder sonst öffentlich zugänglich gemacht oder wiedergegeben werden.
Dies gilt auch für Intranets von Schulen.
Die Kopiervorlagen dürfen für den eigenen Unterrichtsgebrauch
in der jeweils benötigten Anzahl vervielfältigt werden.

Druck: Esser printSolutions GmbH, Bretten

ISBN 978-3-464-60390-1

Inhaltsverzeichnis

Vorwort und methodische Hinweise   5

Rund um das Märchen
Wie und warum entsteht ein Märchen?   6
Märchenmerkmale   8
Märchen, Sage oder Fabel?   10
Verse und Zaubersprüche   12
Ein Märchenbaukasten   14
Scheherezade – eine Märchenerzählerin   16
Märchen lesen mit Sigmund Freud   18
Märchenquiz   21
Märchenprofi – ein Quiz   22

Die Märchen der Brüder Grimm
„Dortchen" und die Brüder Grimm   23
Märchen, die sich ähneln   26
Rätselmärchen   29
Die Bienenkönigin   30
Rumpelstilzchen   32
Die drei Spinnerinnen   34
Doktor Allwissend   36
Hans im Glück   38
Der süße Brei   41

Was man mit Märchen machen kann
Märchenquartett   42
Märchen-Kreuzworträtsel   43
Märchensteckbrief   44
Pop-up-Märchen   45
Tagebuch zu einem Märchen   46

Die Märchen von Hans Christian Andersen
Hans Christian Andersen   47
Die Prinzessin auf der Erbse   49
Der Tannenbaum   50
Die Galoschen des Glücks   55
Zu einem Märchenbild erzählen   56

Märchen einmal anders
Die Bremer Stadtmusikanten (B-Mannschaft)   57
Janosch erzählt Grimms Märchen – Die Bremer Stadtmusikanten   58
Rotkäppchen in der Behörde – eine Parodie   62
Rotkäppchen im Pelz – ein Gedicht   63
Ein Theaterstück schreiben   64

Märchen aus aller Welt
Der Zauberer und sein Lehrling – aus dem antiken Griechenland   67
Pygmalion – aus dem antiken Rom   68
Die kluge Tochter – ein usbekisches Märchen   70
Das Märchen ohne Ende – ein tschechisches Märchen   72
Pate Mathias – ein tschechisches Märchen   73
Das Klapperstorch-Märchen – ein französisches Märchen   74
Der Zauberhut – ein Eskimo-Märchen   76
Der kluge Dieb – ein chinesisches Märchen   77

Lösungen   78
Quellen   80

Vorwort und methodische Hinweise

Märchen haben von ihrer Wirkung nichts verloren. Auch heute noch lassen sich Schülerinnen und Schüler vom Zauber der Märchen einfangen, lauschen gebannt, wenn Märchen vorgetragen werden, und denken sich voller Fantasie eigene Märchen aus. Diese positive Wirkung von Märchen auf die Schülerinnen und Schüler kann im Deutschunterricht zur Leseförderung wie zur Einführung in fachspezifische Arbeitstechniken genutzt werden. Ausgangspunkt für die Märchenrezeption in der Sekundarstufe sind dabei die Analyse der Textstruktur und die Untersuchung der für Märchen typischen Textelemente. Die Kenntnisse über die Gattung Märchen können gut durch produktionsorientierte Verfahren vertieft werden. Das Verfassen eigener Märchentexte kann frei oder nach Vorgabe von Handlungsmustern, Figuren oder Motiven erfolgen.

„Rund um Märchen" bietet eine große Auswahl an Märchentexten, begonnen bei den Brüdern Grimm über die Märchen des Dänen Hans Christian Andersen bis hin zu Märchen aus aller Welt, die zum Beispiel aus Frankreich, Usbekistan oder von den Eskimos stammen. In spielerischen Verfahren, etwa mit Märchenrätseln oder einem Märchenquiz, können Schülerinnen und Schüler ihre Textkenntnisse überprüfen.
Zahlreiche Arbeitsblätter liefern zudem allgemeine Informationen zum Thema, indem sie zum Beispiel den Fragen nachgehen, wie ein Volksmärchen entsteht, warum Märchen überhaupt erzählt werden, wie sich Märchen von Fabeln und Sagen unterscheiden oder wie Märchen psychoanalytisch gedeutet werden können.

Die Arbeitsblätter können einzeln eingesetzt werden, sie lassen sich aber auch zu Unterrichtseinheiten zusammenstellen, zum Beispiel zu den Märchen der Brüder Grimm, zu Märchenmerkmalen oder zu bestimmten Märchenmotiven.

Wie und warum entsteht ein Märchen?

Die Sterntaler

Es war einmal ein kleines Mädchen, dem war Vater und Mutter gestorben, und es war so arm, dass es kein Kämmerchen mehr hatte, darin zu wohnen, und kein Bettchen mehr hatte, darin zu schlafen, und endlich gar nichts mehr als die Kleider auf dem Leib
5 und ein Stückchen Brot in der Hand, das ihm ein mitleidiges Herz geschenkt hatte. Es war aber gut und fromm. Und weil es so von aller Welt verlassen war, ging es im Vertrauen auf den lieben Gott hinaus ins Feld. Da begegnete ihm ein armer Mann, der sprach: „Ach, gib mir etwas zu essen, ich bin so hungrig." Es reichte ihm
10 das ganze Stückchen Brot und sagte: „Gott segne dir's", und ging weiter. Da kam ein Kind, das jammerte und sprach: „Es friert mich so an meinem Kopfe, schenk mir etwas, womit ich ihn bedecken kann." Da tat es seine Mütze ab und gab sie ihm. Und als es noch eine Weile gegangen war, kam wieder ein Kind und hatte kein
15 Leibchen an und fror: Da gab es ihm seins; und noch weiter, da bat eins um ein Röcklein, das gab es auch von sich hin. Endlich gelangte es in einen Wald, und es war schon dunkel geworden, da kam noch eins und bat um ein Hemdlein, und das fromme Mädchen dachte: „Es ist dunkle Nacht, da sieht dich niemand, du
20 kannst wohl dein Hemd weggeben", und zog das Hemd ab und gab es auch noch hin. Und wie es so stand und gar nichts mehr hatte, fielen auf einmal die Sterne vom Himmel und waren lauter blanke Taler; und ob es gleich sein Hemdlein weggegeben, so hatte es ein neues an, und das war vom allerfeinsten Linnen[1]. Da
25 sammelte es sich die Taler hinein und war reich für sein Lebtag.

Jacob und Wilhelm Grimm

1 Linnen: Leinen

Aufgabe

1. Überlege, wie das Sterntaler-Märchen entstanden sein könnte.
   a) Notiere, was dir zu dem Wort „Sterntaler" einfällt.

   _____
   _____
   _____

   b) Soll mit diesem Märchen etwas Bestimmtes ausgedrückt werden? Schreibe auf, worum es deiner Meinung nach geht.

   _____
   _____
   _____

   c) Überprüfe deine Einschätzungen mit Hilfe von Seite 7.

Fortsetzung von Seite 6

Wie und warum entsteht ein Märchen?

Aufgaben

2. Lies die folgenden Informationen.
   Markiere mögliche Entstehungsgründe und allgemeine Deutungen mit unterschiedlichen Farben.

   Ein Geldstück mit der Inschrift „Sterntaler" brachte die Brüder Grimm auf die Idee.

   Der Schriftsteller Jean Paul erzählt von einem Waisenkind, das eine überirdische Macht mit Talern überschüttet. Diese Geschichte kannten die Brüder Grimm.

   Das Märchen „Die Sterntaler" kann als religiöses Gleichnis gelesen werden:
   „Gib, so wird dir gegeben werden."

   Die Menschen fürchten sich vor unbegreiflichen Naturerscheinungen. Fielen Sternschnuppen vom Himmel, suchte man schon in grauer Vorzeit nach einer einleuchtenden Erklärung.

   Sternschnuppen wurden früher als Segen und als Zeichen des Glücks gedeutet. Davon wird schon in der griechischen Mythologie erzählt. Dort tritt der Göttervater Zeus als Goldregen auf.

   Am 22. Mai 1808 ging ein Meteoritenhagel auf die Stadt Stannern (heutiges Tschechien) nieder.

   Dem Volksglauben nach fielen von den Enden des Regenbogens kleine Goldtropfen, die so genannten „Regenbogenschüsselchen".
   In Wirklichkeit handelt es sich aber um keltische Goldmünzen.

   Die Grimms waren mit dem Schriftsteller Achim von Arnim befreundet. Dieser erzählt von einem notleidenden Mädchen, das die Mutter Gottes mit Silbermünzen beschenkt.

   Die Menschen erzählen sich diese Geschichte von Generation zu Generation weiter, weil sie in ihr die Hoffnung auf das eigene Glück sehen.

3. Gib mit Hilfe von Aufgabe 2 mögliche Gründe für die Entstehung eines Märchens an.
   Formuliere allgemeine Aussagen, die sich nicht nur auf das Märchen „Die Sterntaler" beziehen.

   1. Grund: _____

   _____

   _____

   _____

   2. Grund: _____

   _____

   _____

   _____

   3. Grund: _____

   _____

   _____

   _____

Märchenmerkmale

Auf den nächsten Seiten kannst du die wichtigsten Märchenmerkmale kennen lernen.

Aufgaben

> **A: Sprechende Tiere und Gegenstände**
> In der Welt der Märchen ist es völlig normal, dass Tiere und Gegenstände sprechen können. Niemand wundert sich darüber. Ganz im Gegenteil: Es ist ganz selbstverständlich für den Helden oder die Heldin, wenn er oder sie sich zum Beispiel mit einem an der Wand hängenden Pferdekopf oder mit einem Wolf unterhält.

1. Kennst du Märchen, in denen sprechende Tiere und Gegenstände vorkommen? Schreibe mindestens drei Beispiele auf.

   _____

   _____

> **B: Die magische Drei**
> Wer kennt sie nicht? „Die drei Brüder", „Die drei Federn", „Die drei Glückskinder" und „Die drei Schwestern". Wohin man auch schaut, überall begegnet man im Märchen der Zahl Drei. Sie kommt nicht nur häufig in den Titeln der Märchen vor, sie ist auch oft ein Bestandteil der Handlung. So hat zum Beispiel der Schneider aus dem Märchen „Tischlein deck dich" drei Söhne, die nacheinander – also drei Mal – die Ziege zur Weide führen. Jeder der Söhne bekommt ein Geschenk vom Vater – also drei Geschenke. Neben der Zahl Drei finden sich auch die Zahlen Sieben und Zwölf sehr oft.

2. Schreibe mindestens drei weitere Märchen auf, in denen Zahlen eine wichtige Rolle spielen.

   _____

   _____

> **C: Ewige Jugend**
> Es ist schon komisch: Nach hundert Jahren Schlaf ist Dornröschen immer noch so jung und hübsch wie am ersten Tag. Die Zeit hinterlässt bei ihr keine Spuren. Genauso verwunderlich ist es, dass Märchenfiguren auch bei sehr schweren Verletzungen keine Schmerzen empfinden. So heißt es in dem Märchen „Die sieben Raben": „Das gute Schwesterchen nahm ein Messer, schnitt sich ein kleines Fingerchen ab, steckte es in das Tor und schloss glücklich auf."

3. Notiere mindestens drei weitere Märchen, bei denen etwas vergleichbar Sonderbares geschieht.

   _____

   _____

Fortsetzung auf Seite 9

Fortsetzung von Seite 8 **Märchenmerkmale**

Aufgaben

> **D: „Es war einmal ..."**
> „Und wenn sie nicht gestorben sind, dann leben sie noch heute." Genauso wie das Ende ist auch der Anfang eines Märchens an der Formel „Es war einmal ..." problemlos zu erkennen.
> Ein weiteres typisches Merkmal sind Verse und Reime, die oft sogar mehrfach in einem Märchen vorkommen. In „Frau Holle" zum Beispiel: „Kikeriki, unsere goldene Jungfrau ist wieder hie" und am Ende „Kikeriki, unsere schmutzige Jungfrau ist wieder hie". Solche Reime halfen den Märchenerzählern dabei, sich die Texte zu merken; denn die Märchen wurden früher ja nicht aufgeschrieben, sondern mündlich weitererzählt.

4. Kennst du Märchen, in denen Reime vorkommen? Schreibe mindestens drei Märchen auf.

> **E: Der einsame Held**
> Viele Märchenhelden müssen sich alleine durchs Leben schlagen. Oft fliehen sie aus einer Notlage und versuchen, in der Fremde ihr Glück zu finden.

5. Notiere mindestens drei einsame Märchenhelden.

> **F: Gegensätze**
> Im Märchen finden sich sehr häufig Gegensatzpaare, die auf den grundsätzlichen Kampf zwischen Gut und Böse zurückgehen. Im Märchen „Frau Holle" sind es zum Beispiel die Goldmarie, die das Gute verkörpert, und die Pechmarie, die für das Schlechte steht.

6. Notiere drei Märchen, in denen du solche Gegensatzpaare findest.

> **G: Das Glücksversprechen**
> Märchenhelden sind oft arm und stammen aus der untersten Bevölkerungsschicht. Der Grund könnte sein, dass das Glück der Märchenhelden den Leuten Hoffnung auf ein besseres Leben machen sollte.

7. Schreibe drei Märchen auf, in denen armen Leuten geholfen wird.

8. Lies ein oder zwei Märchen der Brüder Grimm aus diesem Heft (Seite 26 bis Seite 41) und markiere die typischen Märchenmerkmale mit unterschiedlichen Farben.
   Tipp: Nicht jedes Märchen muss alle Merkmale enthalten.

Märchen, Sage oder Fabel?

Volksmärchen, Sagen und Fabeln haben vieles gemeinsam. Die drei Textsorten unterscheiden sich jedoch auch in wesentlichen Punkten.

Aufgaben

1. Hier findest du Merkmale der Textsorten Volksmärchen, Sagen und Fabeln.
   Ordne sie jeweils der passenden Tabellenspalte zu. Arbeite dabei mit einem Bleistift.
   Vorsicht: Die Merkmale können zu allen drei, zu zwei oder nur zu einer Textsorte passen.

   kurze Erzählung/ Tierdichtung/ phantastisch-wunderbare Begebenheiten/ freie Erfindung/ Happy End/ Moral/ hat den Anspruch, wahrheitsgemäß zu sein/ mündlich überliefert/ schwarz-weiße Weltordnung/ Verfasser in der Regel bekannt/ historische Wurzeln/ auf einen Ort bezogen/ witzig-satirisch

Volksmärchen	Sage	Fabel

2. Vergleiche deine Lösung aus Aufgabe 1 mit dem Lösungsteil. Korrigiere gegebenenfalls.

Fortsetzung auf Seite 11

Fortsetzung von Seite 10 **Märchen, Sage oder Fabel?**

Aufgabe

3. Bestimme mit Hilfe von Aufgabe 1, zu welcher Textsorte die drei Geschichten gehören.
   a) Markiere in den Texten Merkmale, die auf eine bestimmte Textsorte hinweisen.
   b) Begründe deine Zuordnung anschließend schriftlich.

Die beiden Frösche

Zwei Frösche, deren Tümpel die heiße Sommersonne ausgetrocknet hatte, gingen auf die Wanderschaft. Gegen Abend kamen sie in die Kammer eines Bauernhofs und fanden dort eine große Schüssel Milch vor, die zum Abrahmen aufgestellt worden war. Sie hüpften sogleich hinein und ließen es sich schmecken.
Als sie ihren Durst gestillt hatten und wieder ins Freie wollten, konnten sie es nicht: Die glatte Wand der Schüssel war nicht zu bezwingen, und sie rutschten immer wieder in die Milch zurück.
Viele Stunden mühten sie sich nun vergeblich ab, und ihre Schenkel wurden allmählich immer matter. Da quakte der eine Frosch: „Alles Strampeln ist umsonst, das Schicksal ist gegen uns, ich geb's auf!" Er machte keine Bewegung mehr, glitt auf den Boden des Gefäßes und ertrank. Sein Gefährte aber kämpfte verzweifelt weiter bis tief in die Nacht hinein. Da fühlte er den ersten festen Butterbrocken unter seinen Füßen, er stieß sich mit letzter Kraft ab und war im Freien.

Die schwarze Greet

Zwei arme Fischer, die auf dem Schleswiger Holm wohnten, hatten die ganze Nacht vergeblich gearbeitet und zogen zum letzten Male ihre Netze wieder leer herauf. Als sie nun traurig heimfahren wollten, erschien ihnen die schwarze Greet, in königlicher Pracht mit Perlen und Diamanten geschmückt, aber im schwarzen Gewande. Die sprach zu den Fischern: „Legt eure Netze noch einmal aus. Ihr werdet einen reichen Fang tun. Den besten Fisch aber, den ihr fangt, müsst ihr wieder ins Wasser werfen." Sie versprachen es und taten, wie die Greet gesagt.
Der Fang war so überschwänglich groß, dass ihn der Kahn kaum fassen wollte. Einer der Fische aber hatte Goldmünzen statt der Schuppen, Flossen von Smaragd und auf der Nase Perlen. „Das ist der beste Fisch", sprach der eine und wollte ihn wieder ins Wasser setzen. Aber der andre wehrte ihm und versteckte den Fisch unter den übrigen, dass die Greet ihn nicht sähe.
Dann ruderte er hastig zu; denn ihm war bange. Ungern folgte ihm sein Gefährte. Aber wie sie so hinfuhren, fingen die Fische im Boote allmählich an zu blinken wie Gold; denn der Goldfisch machte die übrigen auch golden. Der Nachen ward immer schwerer und versank endlich in die Tiefe, in die er den bösen Gesellen mit hinabzog. Mit Not entkam der andere und erzählte die Geschichte den Holmer Fischern.

Das Lämmchen und Fischchen

Es war einmal ein Brüderchen und Schwesterchen, die hatten sich herzlich lieb. Ihre rechte Mutter war aber tot, und sie hatten eine Stiefmutter, die war ihnen nicht gut und tat ihnen heimlich alles Leid an.
Es trug sich zu, dass die zwei mit andern Kindern auf einer Wiese vor dem Haus spielten […] Wie sie so fröhlich dahinsprangen, sah's die Stiefmutter vom Fenster mit an und ärgerte sich. Weil sie aber Hexenkünste verstand, so verwünschte sie beide, das Brüderchen in einen Fisch und das Schwesterchen in ein Lamm. So ging eine lange Zeit hin, da kamen fremde Gäste auf das Schloss. Die falsche Stiefmutter dachte ‚jetzt ist die Gelegenheit gut', rief den Koch und sprach zu ihm „geh und hol das Lamm von der Wiese und schlacht's, wir haben sonst nichts für die Gäste". Da ging der Koch hin und holte das Lämmchen. Da rief das Lämmchen: „Ach, Brüderchen im tiefen See, wie tut mir doch mein Herz so weh!"
Wie der Koch hörte, dass das Lämmchen sprechen konnte und so traurige Worte zu dem Fischchen hinabrief, erschrak er und brachte das Lämmchen zu einer guten Bäuerin. […] Da sprach die weise Frau einen Segen über das Lämmchen und Fischchen, wovon sie ihre menschliche Gestalt wiederbekamen, und danach führte sie beide in einen großen Wald in ein kleines Häuschen, wo sie einsam, aber zufrieden und glücklich lebten.

Verse und Zaubersprüche

Die Sprache vieler Märchen – besonders bei den Brüdern Grimm – wird durch Verse, Reime und Zaubersprüche bereichert:

Manntje, Manntje, Timpe Te,
Buttje, Buttje in der See,
myne Frau, de Ilsebill,
will nicht so, as ik wol will.

_____

_____

Frau Königin, Ihr seid die Schönste hier,
aber Schneewittchen hinter den Bergen
bei den sieben Zwergen
ist noch tausendmal schöner als Ihr.

Wovon sollt ich satt sein?
Ich sprang nur über Gräbelein
und fand kein einzig Blättelein:
mäh! mäh!

_____

_____

Heute back ich, morgen brau ich,
übermorgen hol ich der Königin ihr Kind;
ach, wie gut ist, dass niemand weiß,
dass ich Rumpelstilzchen heiß!

Fortsetzung auf Seite 13

Fortsetzung von Seite 12 **Verse und Zaubersprüche**

_____

_____

> Was rumpelt und pumpelt
> in meinem Bauch herum?
> Ich meinte, es wären sechs Geißlein,
> so sind's lauter Wackerstein.

> Knusper, knusper, knäuschen,
> wer knuspert an meinem Häuschen?
> Der Wind, der Wind,
> das himmlische Kind.

_____

_____

_____

_____

> Rucke di guck, rucke di guck,
> Blut ist im Schuck: der Schuck ist zu klein,
> die rechte Braut sitzt noch daheim.

Aufgaben

1. Wie heißen die Märchen, aus denen die Verse und Zaubersprüche stammen?
   a) Schreibe die Titel der Märchen neben die Sprüche.
   b) Vergleiche deine Lösungen mit dem Lösungsteil. Ergänze oder korrigiere gegebenenfalls.

2. Von wem werden die Verse und Zaubersprüche aufgesagt?
   Schreibe die Namen der Figuren an die Sprechblasen.
   Du kannst dazu auch in Grimms Märchen nachschlagen.

3. Suche in Grimms Märchen nach weiteren Versen und Zaubersprüchen und schreibe sie auf.

4. Formuliere selbst einen Zauberspruch oder Verse für ein Märchen deiner Wahl.
   Achte dabei darauf, dass deine Verse sich reimen.

Ein Märchenbaukasten

Es gibt bestimmte Bausteine, die für Märchen typisch sind. Wenn du diese Bausteine kennst, kannst du selbst ein Märchen schreiben.

1. Baustein: Anfangsformel

Die Zeitangaben am Anfang sind sehr ungenau. Im Grunde erfahren wir nur, dass Märchen sehr alt sind. Deswegen werden sie auch in der Vergangenheit (Präteritum) erzählt.

| Es war einmal … | Vor vielen Jahren … | Vor Zeiten war … | Es lebte einmal … |

2. Baustein: Gut und Böse

Märchen arbeiten oft mit Gegensätzen. Der wichtigste Gegensatz ist der zwischen Gut und Böse.

| schön – hässlich | reich – arm | fleißig – faul | gut – böse | groß – klein | klug – dumm |

3. Baustein: Erlebnisse des Helden

Märchenhelden verlassen freiwillig oder unfreiwillig ihr Zuhause. Auf ihrem oft gefahrvollen Weg müssen sie sich bewähren.

| Aufgaben | Mutproben | Hindernisse | Begegnungen | Gefahren |

4. Baustein: Reime und Zaubersprüche

Reime und Zaubersprüche (z. B.: „Spieglein, Spieglein an der Wand, wer ist die Schönste im ganzen Land?") sind besonders einprägsam und bereichern die Sprache des Märchens.

| Reime | Zaubersprüche |

5. Baustein: bestimmte Zahlen

Besonders häufig kommen die Zahlen 3, 7 und 12 vor. Sie werden Menschen (3 Schwestern), Tieren (7 Raben) und anderen Wesen (7 Zwerge) zugeordnet, bestimmen aber auch die Handlungen, wenn zum Beispiel drei Mutproben zu überstehen oder drei Aufgaben zu lösen sind.

| 3 | 7 | 12 |

Fortsetzung auf Seite 15

Fortsetzung von Seite 14 Ein Märchenbaukasten

6. Baustein: Verwandlung und Erlösung

*Märchenhelden treten nicht immer in ihrer wirklichen Gestalt auf.
Manche sind durch einen bösen Zauber verwandelt worden und müssen erlöst werden,
zum Beispiel der Froschkönig oder die sieben Raben.*

| Verwandlung | | Erlösung |

7. Baustein: Zauberdinge

*Zauberdinge können dem Märchenhelden dabei helfen, Hindernisse zu überwinden
und an sein Ziel zu kommen.*

| Ring | | goldene Kugel | | Schlüssel | | Zauberbesen | | Panzerhemden |

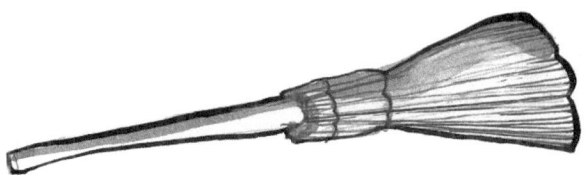

8. Baustein: Schlussformel

Märchen haben fast immer ein Happy End. Das Gute siegt und das Böse wird bestraft.

| … und sie lebten vergnügt bis an ihr Ende. |

| … und sie zogen vereint miteinander glückselig heim. |

| … und wenn sie nicht gestorben sind, leben sie noch heute. |

Aufgabe

1. Schreibe nun selbst ein Märchen im Präteritum. Du kannst dabei zum Beispiel so vorgehen:
   - Wähle einen typischen Märchenanfang und einen typischen Märchenschluss.
   - Überlege dir eine gute und eine böse Hauptfigur und die eine oder andere Nebenfigur.
   - Überlege dir einen Grund, aus dem der Märchenheld sein Zuhause verlässt, und erfinde Abenteuer, die ihm unterwegs zustoßen.
   - Erfinde einen gereimten Zauberspruch, der zu deinem Märchen passt.
   - Baue die Zahlen Drei, Sieben oder Zwölf in dein Märchen ein.

Scheherezade – eine Märchenerzählerin

Wie ist es eigentlich zu den vielen spannenden Geschichten von Tausendundeiner Nacht gekommen?
Hier erfährst du es:

Einst, vor schier undenkbar langen Zeiten, herrschte über die Inseln Indiens und Chinas der ebenso mächtige wie reiche Sultan Scheherban. Er galt als ein rechter Mann, der aber sehr streng darauf achtete, dass seine Befehle eingehalten wurden. Seiner Frau hatte er die Todesstrafe angedroht für den Fall, dass sie während seiner Abwesenheit ihre Zimmer verließ und mit anderen Männern sprach oder gar lachte. Scheherban liebte seine Frau, wollte aber auch wissen, ob sie es wert war und seine Anweisungen getreu befolgte. Darum stellte er sie eines Tages auf die Probe. Der Sultan tat so, als ob er auf die Jagd zöge. Von einem versteckten Fenster aus musste Scheherban mit eigenen Augen sehen, was die Sultanin nun während seiner Abwesenheit tat: Achtlos hatte sie ihr Zimmer verlassen. Sie vergnügte sich mit ihren Dienerinnen und Gästen im Garten des Palastes und lachte dabei, dass es dem Sultan wie Messer ins Herz schnitt. Noch am selben Tag machte er seine furchtbare Drohung wahr. Er ließ die ungehorsame Sultanin köpfen und schwor sich, er wolle künftig nie mehr an die Ehrlichkeit und Treue irgendeiner Frau glauben. Der Großwesir erhielt darauf den Auftrag, ihm täglich ein schönes Mädchen aus einer vornehmen Familie des Landes in den Palast zu bringen, damit es seine Frau werden solle. Doch schon am nächsten Morgen nach ihrer Hochzeit wurde dann die Unglückliche wie die erste Sultanin hingerichtet. Auf diese grausame Weise wollte Scheherban erreichen, dass ihn keine Frau jemals wieder hintergehen könnte. Schon Monate währte dieses sinnlose Morden. Angst und Schrecken erfüllten das Land, denn Hunderte von schönen Mädchen hatten bereits ihr junges Leben verloren. Aber niemand traute sich zu, den wilden Sultan zur Mäßigung zu bringen oder ihn gar zu zähmen. Nun hatte der Großwesir zwei Töchter, die Scheherezade und Dinarzade hießen. Besonders Scheherezade, die ältere, stand seinem Herzen nah, denn sie war nicht nur außerordentlich schön, sondern auch ungewöhnlich klug und redegewandt, weil sie viele Bücher las. Eines Tages sagte sie zu ihrem Vater: „Würdest du deiner Tochter auch eine große Bitte erfüllen?" „Was in meiner Macht liegt, tue ich gern für dich", antwortete der Großwesir. „Ich erfülle dir jeden Wunsch, wenn er nicht unvernünftig ist." Da sagte Scheherezade: „Der Grausamkeit des Sultans muss endlich Einhalt geboten werden. Bitte sorge dafür, dass ich ihn heiraten darf." „Was fällt dir ein?", rief der Großwesir entsetzt. „Du weißt doch, dass der Sultan jede Frau am Morgen

nach der Hochzeit umbringen lässt." „Eben weil ich es weiß, darum trage ich dir meine große Bitte vor", sagte Scheherezade. „Vielleicht gelingt es mir, Scheherban von seiner Unmenschlichkeit zu heilen. Doch wenn ich es nicht kann, möchte ich lieber sterben, als dieses grausame Spiel noch länger mitanzusehen." Mit allen Mitteln der Überredung versuchte der Großwesir, seine Tochter von ihrem Vorhaben abzubringen, schließlich gab er nach und sagte: „So muss ich also dafür sorgen, dass du in dein Verderben ziehst. Ich werde unserem Herrn deinen Wunsch melden, mach du dich inzwischen bereit." Als Sultan Scheherban seinen Großwesir angehört hatte, fragte er verwundert: „Ausgerechnet du willst mir die liebste deiner Töchter opfern? Erwartest du, dass ich bei ihr eine Ausnahme mache? Großwesir, morgen früh werde ich dir den Befehl geben, Scheherezade töten zu lassen wie ihre Vorgängerinnen. Doch wenn du dann zögerst, geht es dir selbst an den Hals." „Herr", antwortete der Wesir, „so schwer es mir fällt, ich bin bereit, dir zu gehorchen." Dann ging er fort, um seine Tochter zu holen. Ehe Scheherezade das Eltern-

Fortsetzung auf Seite 17

Fortsetzung von Seite 16 **Scheherezade – eine Märchenerzählerin**

haus verließ, zog sie aber noch die Schwester beiseite und flüsterte ihr zu: „Dinarzade, ich gehe jetzt zum Sultan, um seine Frau zu werden. Heute Abend will ich ihn jedoch bitten, dass er dich kommen lässt, damit ich noch eine Nacht meines Lebens in deiner Gesellschaft verbringen kann. Wenn du dann bei mir bist, so schlage mir vor, ich solle dir zum Zeitvertreib eine von meinen Geschichten erzählen. Alles Weitere wirst du schon sehen. Ich hoffe nämlich, mit meiner List den wilden Sultan zu zähmen." Mit diesem Plan im Herzen erschien Scheherezade vor dem Sultan. Er freute sich über ihre Schönheit, empfing sie sehr freundlich, führte sie in den Prunksaal und gab das Zeichen für den Beginn ihres Festes. Nach einiger Zeit begann Scheherezade bitterlich zu weinen. Scheherban fragte sie nach dem Grund ihres Kummers und hörte: „Herr, ich denke an meine jüngere Schwester, die ich sehr lieb habe. Leider konnte ich mich heute von ihr nicht verabschieden und möchte sie gern noch ein einziges Mal sehen." Sogleich ordnete der Sultan an, dass auch die zweite Tochter des Großwesirs in seinem Palast willkommen sei. Als dann die Nacht hereinbrach, saß die Schwester zu ihren Füßen und sagte: „Liebe Scheherezade, erzähle mir doch eine von deinen schönen Geschichten, damit uns die Zeit bis zum Morgen besser vergeht." Scheherezade fragte darauf den Sultan, ob er etwas dagegen hätte. Scheherban war einverstanden und blieb bei den Schwestern, um zuzuhören. Nun begann Scheherezade mit einer sehr langen Geschichte, die aber auch sehr mitreißend und sehr spannend war. Der Sultan merkte nicht, wie die Stunden verstrichen. Als die Erzählerin erst etwa in der Mitte ihres abenteuerlichen Berichtes war, dämmerte schon der Morgen. Da unterbrach sich Scheherezade und sagte: „Jetzt folgt eigentlich der schönste und spannendste Teil. Wenn mein gnädiger Herr es also gestattet, will ich die Erzählung dann in der nächsten Nacht beenden." Scheherban war viel zu neugierig auf die Fortsetzung. Er beschloss, die Hinrichtung um einen Tag zu verschieben, und gab Scheherezade die Erlaubnis, am Abend fortzufahren. Scheherban aber konnte den Abend kaum erwarten. Als er sein Schlafzimmer betrat, saßen dort schon die beiden Schwestern und Scheherezade begann sofort ihre unterbrochene Geschichte weiterzuerzählen. Mitten in der Nacht war sie dann zum guten Ende ihrer Erzählung gekommen, doch Dinarzade sagte nun rasch: „Schwester, ich möchte noch eine Geschichte hören, ehe es Morgen wird." Der Sultan hatte den gleichen Wunsch, den ihm Scheherezade nur zu gern erfüllte. Sie wusste es aber so einzurichten, dass genau im spannendsten Moment die Sonne des neuen Morgens aufging. Der Sultan wollte natürlich unbedingt erfahren, wie es weiterging, und musste sich nun von der klugen Scheherezade bis zum kommenden Abend vertrösten lassen. Durch diese List erreichte die Tochter des Großwesirs, dass Scheherban ihre Hinrichtung von Tag zu Tag und von Woche zu Woche verschob. So vertrieb sie tausendundeine Nacht hindurch mit ihrer Schwester dem Sultan die Zeit. Als sie dann auch die letzte ihrer Geschichten erzählt hatte, warf sich Scheherezade dem Sultan zu Füßen und sagte: „Mein Herr und Gebieter, jetzt habe ich dir alle Geschichten erzählt, die ich kenne, und ich merke dir an, dass sie dir gefallen haben. Nun bitte ich dich, schenke mir zum Lohn für dieses Vergnügen mein Leben." Scheherban hatten die Erzählungen längst von seiner wilden Verbitterung geheilt. Er liebte dieses schöne Mädchen und glaubte wieder an das reine Herz einer Frau. Mit seinen Händen zog er Scheherezade zu sich empor und sagte: „Dich hat Allah zu mir geschickt, um mich von meinem Wahn zu befreien. Du sollst meine Frau sein und noch lange mit mir in Glück und Freuden leben."

Aufgaben

1. In den „Märchen aus 1001 Nacht" wurden die schönsten Geschichten der Scheherezade festgehalten. Aber wieso hat Scheherezade diese Märchen überhaupt erzählt? Erkläre.

2. Mit welchem Erzähltrick erreicht Scheherezade, dass der Sultan ihre Hinrichtung Tag für Tag verschiebt? Notiere.

3. Viele Fernsehserien verwenden denselben Erzähltrick wie Scheherezade: Sie hören im spannendsten Moment auf, um den Zuschauer auf die nächste Folge neugierig zu machen.
Stell dir vor, du sollst die Geschichte von „Scheherezade und dem Sultan" in drei Teilen verfilmen. Markiere im Text, wo du die Handlung unterbrechen würdest und begründe.

Märchen lesen mit Sigmund Freud

Jeder Mensch kommt täglich in Situationen, in denen er Entscheidungen treffen muss. Dabei wird er auf der einen Seite von seinen eigenen Bedürfnissen und auf der anderen Seite von den Werten und Normen unserer Gesellschaft beeinflusst. Sigmund Freud, der bekannte Begründer der Psychoanalyse, hat das folgendermaßen beschrieben: Seelische Vorgänge können aus dem Zusammenspiel von drei Persönlichkeitsinstanzen erklärt werden. Jeder Mensch hat ein individuelles ICH, dass zwischen dem ES (Triebe und Bedürfnisse) und dem ÜBER-ICH (Gebote, Verbote, Normen) steht. Das ICH muss zwischen diesen beiden Seiten vermitteln und einen Kompromiss finden.

Diese psychoanalytische Theorie lässt sich auf viele Märchen übertragen, wobei die unterschiedlichen Persönlichkeitsinstanzen auf die verschiedenen Figuren aufgeteilt werden. Der Held oder die Heldin des Märchens verkörpert in der Regel das ICH, das vor Entscheidungen gestellt wird. Das ES erscheint zum Beispiel als helfendes oder gefährliches Tier, das die positiven bzw. negativen Gefühle ausdrückt. Das ÜBER-ICH mit seinen einschränkenden Forderungen wird meist durch eine Autoritätsfigur dargestellt. Das kann beispielsweise ein König, eine Mutter oder ein alter Mann sein.

Sigmund Freud

Aufgaben

1. Übertrage Freuds Modell in das folgende Schema. Gehe so vor:
   - Ordne den Kästen die Begriffe ICH, ÜBER-ICH und ES zu.
   - Schreibe auf die passenden Linien, was ES und ÜBER-ICH fordern.
   - Schreibe auf die vorgesehenen Linien, welche Aufgabe das ICH übernimmt.

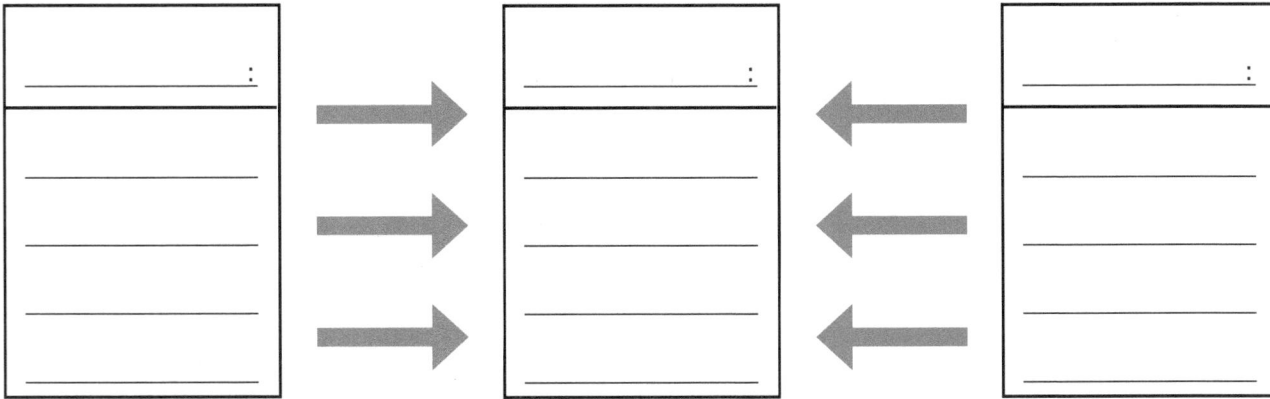

2. Welche Konflikte zwischen ES (Bedürfnissen) und ÜBER-ICH (Gesetzen, Verboten) kennst du aus eigener Erfahrung? Notiere Stichworte.

Fortsetzung von Seite 18 **Märchen lesen mit Sigmund Freud**

Aufgabe

3. Lies den ersten Teil des Märchens von „Frau Holle".
   Welche Figur könnte für das ICH stehen, welche für das ES und welche für das ÜBER-ICH? Notiere.

   ICH: _____

   ES: _____

   ÜBER-ICH: _____

Teil 1

Eine Witwe hatte zwei Töchter, davon war die eine schön und fleißig, die andere hässlich und faul. Sie hatte aber die hässliche und faule, weil sie ihre rechte[1] Tochter war, viel lieber, und die andere musste alle Arbeit tun und der Aschenputtel im Hause sein. Das arme Mädchen musste sich täglich auf die große Straße bei einem Brunnen setzen und musste so viel spinnen, dass ihm das Blut aus den Fingern sprang. Nun trug es sich zu, dass die Spule einmal ganz blutig war, da bückte es sich damit in den Brunnen und wollte sie abwaschen; sie sprang ihm aber aus der Hand und fiel hinab. Es weinte, lief zur Stiefmutter und erzählte ihr das Unglück. Sie schalt es aber so heftig und war so unbarmherzig, dass sie sprach: „Hast du die Spule hinunterfallen lassen, so hol sie auch wieder herauf." Da ging das Mädchen zu dem Brunnen zurück und wusste nicht, was es anfangen sollte; und in seiner Herzensangst sprang es in den Brunnen hinein, um die Spule zu holen. Es verlor die Besinnung, und als es erwachte und wieder zu sich selber kam, war es auf einer schönen Wiese, wo die Sonne schien und viel tausend Blumen standen. Auf dieser Wiese ging es fort und kam zu einem Backofen, der war voller Brot; das Brot aber rief: „Ach, zieh mich raus, zieh mich raus, sonst verbrenn ich: Ich bin schon längst ausgebacken." Da trat es herzu und holte mit dem Brotschieber alles nacheinander heraus. Danach ging es weiter und kam zu einem Baum, der hing voll Äpfel, und rief ihm zu: „Ach, schüttel mich, schüttel mich, wir Äpfel sind alle miteinander reif." Da schüttelte es den Baum, dass die Äpfel fielen, als regneten sie, und schüttelte, bis keiner mehr oben war; und als es alle in einen Haufen zusammengelegt hatte, ging es wieder weiter. Endlich kam es zu einem kleinen Haus, daraus guckte eine alte Frau, weil sie aber so große Zähne hatte, ward ihm angst, und es wollte fortlaufen. Die alte Frau aber rief ihm nach: „Was fürchtest du dich, liebes Kind? Bleib bei mir, wenn du alle Arbeit im Hause ordentlich tun willst, so soll dir's gutgehn. Du musst nur achtgeben, dass du mein Bett gut machst und es fleißig aufschüttelst, dass die Federn fliegen, dann schneit es in der Welt; ich bin die Frau Holle." Weil die Alte ihm so gut zusprach, so fasste sich das Mädchen ein Herz, willigte ein und begab sich in ihren Dienst. Es besorgte auch alles nach ihrer Zufriedenheit und schüttelte ihr das Bett immer gewaltig, auf dass die Federn wie Schneeflocken umherflogen; dafür hatte es auch ein gut Leben bei ihr, kein böses Wort und alle Tage Gesottenes und Gebratenes. Nun war es eine Zeit lang bei der Frau Holle, da ward es traurig und wusste anfangs selbst nicht, was ihm fehlte, endlich merkte es, dass es Heimweh war, ob es ihm hier gleich vieltausendmal besser ging als zu Haus, so hatte es doch ein Verlangen dahin. Endlich sagte es zu ihr: „Ich habe den Jammer nach Haus kriegt, und wenn es mir auch noch so gut hier unten geht, so kann ich doch nicht länger bleiben, ich muss wieder hinauf zu den Meinigen." Die Frau Holle sagte: „Es gefällt mir, dass du wieder nach Haus verlangst, und weil du mir so treu gedient hast, so will ich dich selbst wieder hinaufbringen." Sie nahm es darauf bei der Hand und führte es vor ein großes Tor. Das Tor ward aufgetan, und wie das Mädchen gerade darunterstand, fiel ein gewaltiger Goldregen, und alles Gold blieb an ihm hängen, sodass es über und über davon bedeckt war. „Das sollst du haben, weil du so fleißig gewesen bist", sprach die Frau Holle und gab ihm auch die Spule wieder, die ihm in den Brunnen gefallen war. Darauf ward das Tor verschlossen, und das Mädchen befand sich oben auf der Welt, nicht weit von seiner Mutter Haus; und als es in den Hof kam, saß der Hahn auf dem Brunnen und rief: „Kikeriki, unsere goldene Jungfrau ist wieder hie." Da ging es hinein zu seiner Mutter, und weil es so mit Gold bedeckt ankam, ward es von ihr und der Schwester gut aufgenommen.

Jacob und Wilhelm Grimm

---

1 rechte: leibliche

Fortsetzung von Seite 19 **Märchen lesen mit Sigmund Freud**

Aufgaben

4. Lies den zweiten Teil des Märchens und deute auch diesen nach Freuds Modell. Notiere.

    ICH: _____

    ES: _____

    ÜBER-ICH: _____

Teil 2

Das Mädchen erzählte alles, was ihm begegnet war, und als die Mutter hörte, wie es zu dem großen Reichtum gekommen war, wollte sie der andern, hässlichen und faulen Tochter gerne dasselbe Glück verschaffen. Sie musste sich an den Brunnen setzen und spinnen; und damit ihre Spule blutig ward, stach sie sich in die Finger und stieß sich die Hand in die Dornhecke. Dann warf sie die Spule in den Brunnen und sprang selber hinein. Sie kam, wie die andere, auf die schöne Wiese und ging auf demselben Pfade weiter. Als sie zu dem Backofen gelangte, schrie das Brot wieder: „Ach, zieh mich raus, zieh mich raus, sonst verbrenn ich, ich bin schon längst ausgebacken." Die Faule aber antwortete: „Da hätt ich Lust, mich schmutzig zu machen", und ging fort. Bald kam sie zu dem Apfelbaum, der rief: „Ach, schüttel mich, schüttel mich, wir Äpfel sind alle miteinander reif." Sie antwortete aber: „Du kommst mir recht, es könnte mir einer auf den Kopf fallen", und ging damit weiter. Als sie vor der Frau Holle Haus kam, fürchtete sie sich nicht, weil sie von ihren großen Zähnen schon gehört hatte, und verdingte sich gleich zu ihr. Am ersten Tag tat sie sich Gewalt an, war fleißig und folgte der Frau Holle, wenn sie ihr etwas sagte, denn sie dachte an das viele Gold, das sie ihr schenken würde; am zweiten Tag aber fing sie schon an zu faulenzen, am dritten noch mehr, da wollte sie morgens gar nicht aufstehen. Sie machte auch der Frau Holle das Bett nicht, wie sich's gebührte, und schüttelte es nicht, dass die Federn aufflogen. Das ward die Frau Holle bald müde und sagte ihr den Dienst auf. Die Faule war das wohl zufrieden und meinte, nun würde der Goldregen kommen; die Frau Holle führte sie auch zu dem Tor, als sie aber darunterstand, ward statt des Goldes ein großer Kessel voll Pech ausgeschüttet. „Das ist zur Belohnung deiner Dienste", sagte die Frau Holle und schloss das Tor zu. Da kam die Faule heim, aber sie war ganz mit Pech bedeckt, und der Hahn auf dem Brunnen, als er sie sah, rief:
„Kikeriki, unsere schmutzige Jungfrau ist wieder hie."
Das Pech aber blieb fest an ihr hängen und wollte, solange sie lebte, nicht abgehen.

Jacob und Wilhelm Grimm

5. Wie erklärst du dir, dass es in diesem Märchen zwei ICHs – die Gold- und die Pechmarie – gibt?

    _____

    _____

6. Was soll der Hörer oder Leser von diesem Märchen lernen? Formuliere eine Verhaltensregel.

    _____

    _____

7. Übertragt Freuds Theorie auch auf andere Märchen der Brüder Grimm, zum Beispiel auf das Märchen „Rotkäppchen".
    Notiert jeweils, welche Figuren für ICH, ES und ÜBER-ICH stehen und formuliert zum Schluss eine Verhaltensregel.

Märchenquiz

Aufgaben

1. Zu welchen Märchen gehören die folgenden zehn Zitate?
   Schreibe die Titel der Märchen auf die vorgegebenen Zeilen.
   Tipp: Die unterstrichenen Wörter und Wortgruppen geben dir wichtige Hinweise.

   1. Der Wolf drückte auf die Klinke, die Türe sprang auf, und er ging, ohne ein Wort zu sprechen, gerade zum Bett der Großmutter und verschluckte sie.
      Lösung: _____

   2. Dem Ding ist abzuhelfen, dachte Hans, jetzt will ich meine Kuh melken und mich an der Milch laben.
      Lösung: _____

   3. Kaum hatte sie aber die Spindel angerührt, so ging der Zauberspruch in Erfüllung, und sie stach sich dabei in den Finger.
      Lösung: _____

   4. Als er aber herabfiel, war er kein Frosch, sondern ein Königssohn mit schönen, freundlichen Augen.
      Lösung: _____

   5. Gott weiß, was in dem Bett gelegen haben mag. Es muss irgendetwas Hartes gewesen sein.
      Lösung: _____

   6. Der Müllerssohn wunderte sich, dass der Kater so verständlich redete.
      Lösung: _____

   7. Du musst nur achtgeben, dass du mein Bett gut machst und fleißig aufschüttelst.
      Lösung: _____

   8. So lief der Hase dreiundsiebzigmal und der Igel hielt es immer mit ihm aus.
      Lösung: _____

   9. Dann rief er: „Knüppel, in den Sack!" und ließ ihn ruhen.
      Lösung: _____

   10. Dann fielen die Haare zwanzig Ellen tief hinunter, und die Zauberin stieg daran herauf.
       Lösung: _____

2. Vergleiche deine Lösungen mit dem Lösungsteil und korrigiere gegebenenfalls.

3. Schreibe selbst ein Märchenquiz. Suche dazu kurze Textstellen aus, die einen wichtigen Hinweis enthalten und unterstreiche diesen Hinweis.

Märchenprofi – ein Quiz

Aufgaben

1. Kreuze jeweils die richtige Lösung an.

    1. Märchen: „Vom Fischer und seiner Frau" von den Brüdern Grimm
       Welche Eigenschaft hatte die Frau des Fischers?
       ❏ bescheiden ❏ gierig ❏ sparsam

    2. Märchen: „Das tapfere Schneiderlein" von den Brüdern Grimm
       Was strich das Schneiderlein auf das Brot?
       ❏ Nutella ❏ Mus ❏ Honig

    3. Märchen: „Die drei Brüder" von den Brüdern Grimm
       Was sollten die drei Söhne bei der Rückkehr zeigen?
       ❏ viel Geld ❏ eine hübsche Frau ❏ ein Meisterstück

    4. Märchen: „Der standhafte Zinnsoldat" von Hans Christian Andersen
       Wie viele Zinnsoldaten gab es?
       ❏ zwölf ❏ sieben ❏ fünfundzwanzig

    5. Märchen: „Der Schweinehirt" von Hans Christian Andersen
       Wer stellte den Prinzen als Schweinehirten ein?
       ❏ der König ❏ der Kaiser ❏ die Prinzessin

    6. Märchen: „Die Prinzessin auf der Erbse" von Hans Christian Andersen
       Wie viele Matratzen legte die alte Königin auf die Erbse?
       ❏ zwanzig ❏ drei ❏ zwölf

    7. Märchen: „Das hässliche Entlein" von Hans Christian Andersen
       Was sah das hässliche Entlein als Spiegelbild?
       ❏ ein hässliches Entlein ❏ einen schönen Prinzen ❏ einen Schwan

    8. Märchen: „Die Geschichte vom Kalif Storch" von Wilhelm Hauff
       Was kaufte der Kalif Chasid vom Krämer?
       ❏ Schrift und Dose ❏ Gold und Silber ❏ einen Storch

    9. Märchen: „Rotkäppchen" von den Brüdern Grimm
       Womit ging Rotkäppchen zu seiner Großmutter?
       ❏ mit Brot und Wasser ❏ mit Kuchen und Wein ❏ mit Kuchen und Kaffee

    10. Märchen: „Das Märchen vom Mann im Monde" nach Ludwig Bechstein
        Wem begegnete der Mann mit dem Holzbündel?
        ❏ Gott ❏ einem Zwerg ❏ einer Fee

2. Prüfe mit dem Lösungsteil, ob du die Fragen richtig beantwortet hast.

3. Lies weitere Märchen und schreibe selbst ein solches Märchenquiz.

Brüder-Grimm-Denkmal

„Dortchen" und die Brüder Grimm

Auf den nächsten Seiten erfährst du einiges über das Leben der Brüder Grimm, über ihr Verhältnis untereinander und über ihr Zusammenleben mit Dorothea Grimm.

_____

1. Ich kenne meine Frau seit ihrer Kindheit, und wir alle haben sie immer wie zu uns gehörig betrachtet; ich glaube nicht, dass ich, wie man sagt, in Flitterwochen lebe, aber ich habe das Vorgefühl, dass ich mein Lebtag glücklich werde, wie ich es seit acht Tagen bin. Sie ist herzlich, natürlich, verständig und heiter, hat Freude an der Welt und ist doch jeden Augenblick bereit, sich für etwas Höheres und Besseres herzugeben, wonach wir alle streben, und was die Welt nicht gewährt. *Wilhelm Grimm*

_____

2. Lieber Wilhelm, wir wollen uns einmal nie trennen, und gesetzt, man wollte einen anderswohin tun, so müsste der andere gleich aufsagen. Wir sind nun diese Gemeinschaft so gewohnt, dass mich schon das Vereinzeln zum Tode betrüben könnte. *Jacob Grimm*

_____

3. Lieber Jacob, ich denke täglich an dich, und weiß, dass mich niemand aufrichtiger liebt als du. Am traurigsten ist mir das einsame Aufstehn und Schlafengehn. Behalt mich lieb, und glaube nicht, dass ich mir ein Vergnügen machen will durch mein Hiersein, währenddem du Last davon hast, denn du schreibst nun auch die Briefe. Schreib recht bald und von euch allen. *Wilhelm Grimm*

_____

4. An Dortchen: Der liebe Gott sei gepriesen, dass er dich aus der großen Gefahr errettet und für uns alle erhalten hat. Du darfst uns gar nicht sterben, denn du bist allen am nötigsten, der Wilhelm hätte in dir bloß seine Frau verloren, aber ich hätte in dir auch meine Mutter verloren, denn ob ich gleich älter bin als du, habe ich dich so lieb wie meine Mutter und du sorgst für mich wie meine Mutter; wer hätte sich dann meiner annehmen wollen und können? *Jacob Grimm*

_____

5. Ich aber war mit Wilhelm von Kindesbeinen an zusammen, unser Vermögen, unsere Bücher, unser Haushalt waren stets ungetrennt, und was wir unternahmen und zustande brachten, gedieh in stetem Bunde; jetzt ist er durchgeschnitten und ich stehe allein, nur dass mich die Liebe seiner Kinder und seiner Frau tröstet, die auch mir wie dem Vater und Mann anhangen. *Jacob Grimm*

_____

6. Von den ersten Tagen weiß ich dir nichts zu sagen, als dass ich sehr traurig war, und noch jetzt bin ich wehmütig und möchte weinen, wenn ich daran denke, dass du fort bist. Wie du weggingst, da glaubte ich, es würde mein Herz zerreißen, ich konnte es nicht ausstehn, gewiss, du weißt nicht, wie lieb ich dich habe. Wenn ich abends allein war, meinte ich, müsstest du aus jeder Ecke hervorkommen. *Wilhelm Grimm*

Aufgabe

1. Lies die Aussagen der Brüder Grimm und die Zeittafel auf der nächsten Seite.
   Ordne anschließend jeder Aussage eine passende Jahreszahl zu. Schreibe auf die Linien.

Zeittafel zum Leben der Brüder Grimm

1785: Jacob Grimm wird am 4. Januar als ältester Sohn des Advokaten Philipp Wilhelm Grimm und seiner Frau Dorothea in Hanau geboren.

1786: Wilhelm Grimm wird am 24. Februar in Hanau geboren. Auf Jacob und Wilhelm folgen noch drei Brüder und eine Schwester.

1791: Die Familie Grimm zieht nach Steinau um.

1796: Tod des Vaters Philipp Wilhelm Grimm. Er stirbt an einer Lungenentzündung. Jacob ist ab jetzt das Familienoberhaupt. Finanziell werden die Brüder von einer Tante unterstützt.

1798: Die Brüder Grimm besuchen die höhere Schule in Kassel. Wilhelm ist oft krank. Immer wieder hat er auch als Erwachsener mit Krankheiten zu kämpfen.

1802/03: Jacob und Wilhelm beginnen ihr Jurastudium in Marburg.

1805: Jacob reist zum ersten Mal allein nach Paris. Wilhelm vermisst Jacob sehr. Beschluss über das lebenslange Zusammensein.

1806: Die Brüder beginnen mit dem Sammeln von Märchen und Sagen.

1808: Tod der Mutter Dorothea Grimm. Jacob muss die Familie nun ernähren.

1809: Wilhelm reist für eine monatelange Kur nach Halle ohne seinen Bruder.

1812: Jacob und Wilhelm Grimm: „Kinder- und Hausmärchen".

1814: Jacob erhält einen Diplomatenposten in Kassel und Wilhelm wird Bibliothekssekretär in Kassel.

1825: Wilhelm heiratet seine frühere Nachbarin, die Apothekerstochter Henriette Dorothea (Dortchen) Wild. Jacob, Wilhelm und Dortchen führen zukünftig einen gemeinsamen Haushalt.

1826: Dortchens erstes Kind stirbt. Häufige Reisen der Brüder.

1828: Dortchens und Wilhelms Sohn Hermann wird geboren.

1830: Die Brüder werden nach Göttingen an die Universität berufen und der Grimm'sche Haushalt zieht um. Wilhelms Sohn Rudolf wird geboren. Dortchen entgeht dabei nur knapp dem Tod.

1832: Wilhelm wird Professor und seine Tochter Auguste wird geboren.

1837: Die Brüder unterzeichnen einen Protestbrief gegen die Aufhebung des Staatsgrundgesetzes und werden aus dem Staatsdienst entlassen.

1840: Die Brüder werden nach Berlin berufen und halten dort Vorlesungen an der Universität.

1848: Jacob zieht sich aus der Lehre zurück, um nur noch für die Forschung zu leben.

1852: Auch Wilhelm gibt die Lehrtätigkeit auf und arbeitet wie Jacob nur noch als Forscher.

1854: Jacob und Wilhelm Grimm: „Deutsches Wörterbuch".

1859: Wilhelm stirbt am 16. Dezember.

1863: Jacob stirbt am 20. September.

Fortsetzung von Seite 24   **„Dortchen" und die Brüder Grimm**

Aufgaben

2. Ergänze das Schaubild mit Hilfe der Zeittafel (Seite 24).
   a) Notiere das Geburtsdatum, den Geburtsort und die Werke von Jacob und Wilhelm Grimm.
   b) Schreibe die folgenden Begriffe an die richtigen Pfeile:
      verheiratet/Bruder/Schwager/Schwägerin

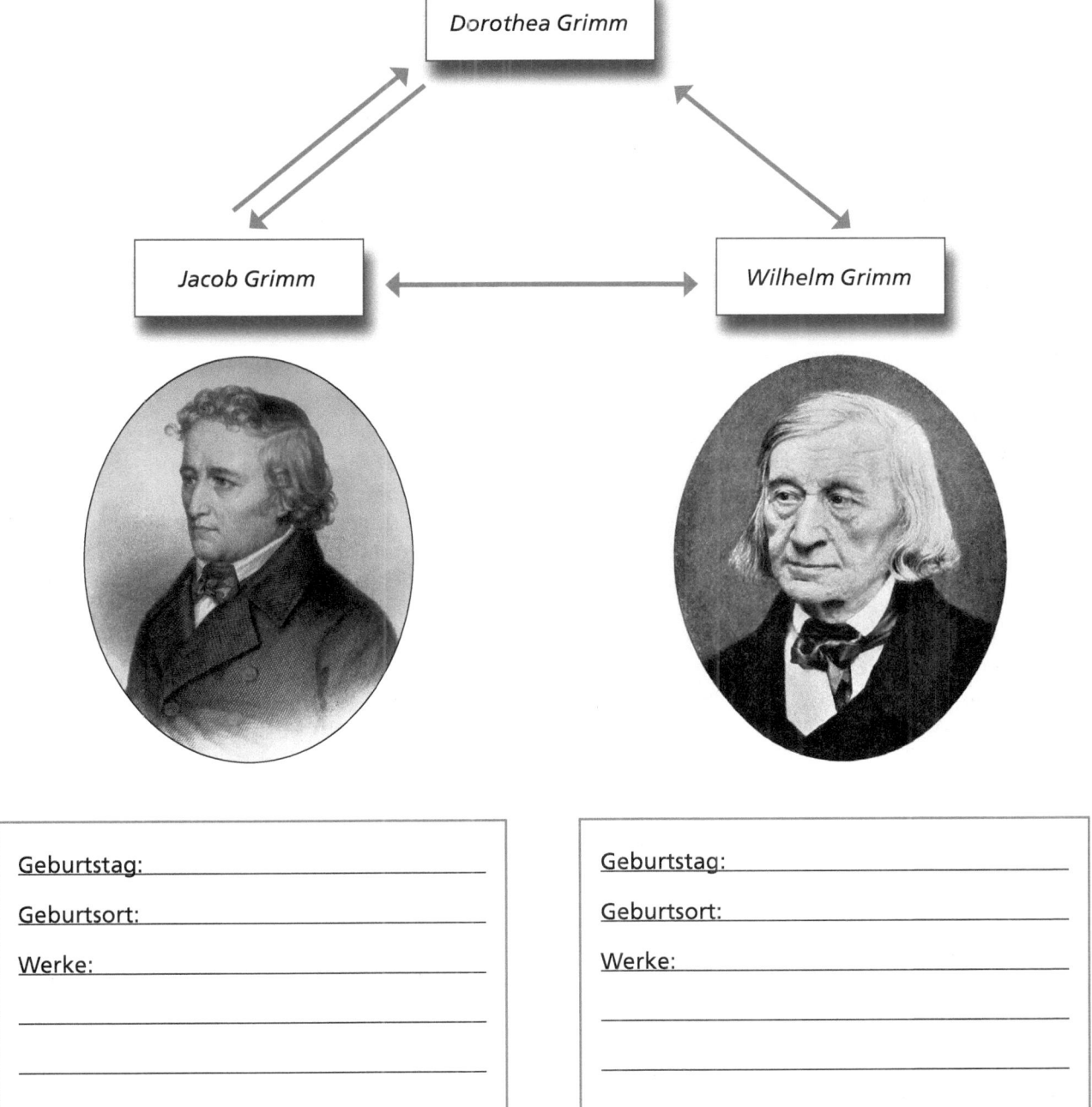

Geburtstag: _____

Geburtsort: _____

Werke: _____
_____
_____

Geburtstag: _____

Geburtsort: _____

Werke: _____
_____
_____

3. Beschreibe das Verhältnis der Personen untereinander genauer.
   Lies dazu noch einmal die Texte auf Seite 23.

Märchen, die sich ähneln

Aufgabe

1. Lies die Märchen auf dieser und der nächsten Seite. Achte dabei darauf, inwiefern sich die Märchen ähneln.

Die drei Brüder

Es war ein Mann, der hatte drei Söhne und weiter nichts im Vermögen als das Haus, worin er wohnte. Nun hätte jeder gerne nach seinem Tode das Haus gehabt, dem Vater war aber einer so lieb wie der andere, da wusste er nicht, wie er's anfangen sollte, dass er keinem zu nahe trät; verkaufen wollte er das Haus auch nicht, weil's von seinen Voreltern war, sonst hätte er das Geld unter sie geteilt. Da fiel ihm endlich ein Rat ein, und er sprach zu seinen Söhnen: „Geht in die Welt und versucht euch, und lerne jeder sein Handwerk. Wer das beste Meisterstück macht, wenn ihr dann wiederkommt, der soll das Haus haben."

Da waren die Söhne zufrieden, und der älteste wollte ein Hufschmied, der zweite ein Barbier, der dritte aber ein Fechtmeister werden. Darauf bestimmten sie eine Zeit, wo sie wieder nach Haus zusammenkommen wollten, und zogen fort. Es traf sich auch, dass jeder einen tüchtigen Meister fand. Der Schmied musste des Königs Pferde beschlagen und dachte: „Nun kann dir's nicht fehlen, du kriegst das Haus." Der Barbier rasierte lauter vornehme Herren und meinte auch, das Haus wäre schon sein. Der Fechtmeister kriegte manchen Hieb, biss aber die Zähne zusammen und ließ sich's nicht verdrießen; denn er dachte bei sich: „Fürchtest du dich vor einem Hieb, so kriegst du das Haus nimmermehr." Als nun die gesetzte Zeit herum war, kamen sie bei ihrem Vater wieder zusammen. Sie wussten aber nicht, wie sie die beste Gelegenheit finden sollten, ihre Kunst zu zeigen, und ratschlagten.

Wie sie so saßen, kam auf einmal ein Hase übers Feld dahergelaufen. „Ei", sagte der Barbier, „der kommt wie gerufen", nahm Becken und Seife, schäumte so lange, bis der Hase in die Nähe kam, dann seifte er ihn in vollem Laufe ein und rasierte ihm auch in vollem Laufe ein Stutzbärtchen, und dabei schnitt er ihn nicht und tat ihm an keinem Haare weh. „Das gefällt mir", sagte der Vater, „wenn sich die andern nicht gewaltig angreifen¹, so ist das Haus dein."

Es währte nicht lang, so kam ein Herr in einem Wagen dahergerennt in vollem Jagen. „Nun sollt Ihr sehen, Vater, was ich kann", sprach der Hufschmied, sprang dem Wagen nach, riss dem Pferd, das in einem

fortjagte, die vier Hufeisen ab und schlug ihm auch im Jagen vier neue wieder an.

„Du bist ein ganzer Kerl", sprach der Vater, „du machst deine Sache so gut wie dein Bruder; ich weiß nicht, wem ich das Haus geben soll."

Da sprach der Dritte: „Vater, lasst mich auch einmal gewähren", und weil es anfing zu regnen, zog er seinen Degen und schwenkte ihn in Kreuzhieben über seinen Kopf, dass kein Tropfen auf ihn fiel; und als der Regen stärker ward und endlich so stark, als ob man mit Mulden² vom Himmel gösse, schwang er den Degen immer schneller und blieb so trocken, als säß er unter Dach und Fach. Wie der Vater das sah, erstaunte er und sprach: „Du hast das beste Meisterstück gemacht, das Haus ist dein."

Die beiden andern Brüder waren zufrieden, wie sie vorher gelobt hatten, und weil sie einander so lieb hatten, blieben sie alle drei zusammen im Haus und trieben ihr Handwerk; und da sie so gut ausgelernt hatten und so geschickt waren, verdienten sie viel Geld. So lebten sie vergnügt bis in ihr Alter zusammen, und als der eine krank ward und starb, grämten sich die zwei andern so sehr darüber, dass sie auch bald krank wurden und bald starben. Da wurden sie, weil sie sich so lieb gehabt hatten, alle drei zusammen in ein Grab gelegt.

Jacob und Wilhelm Grimm

1 sich angreifen: sich anstrengen
2 Mulden: eine Art Wanne zur Aufbewahrung von Flüssigkeit

Fortsetzung auf Seite 27

Fortsetzung von Seite 26

Märchen, die sich ähneln

Die drei Faulen

Ein König hatte drei Söhne, die waren ihm alle gleich lieb, und er wusste nicht, welchen er zum König nach seinem Tode bestimmen sollte. Als die Zeit kam, dass er sterben wollte, rief er sie vor sein Bett und sprach: „Liebe Kinder, ich habe etwas bei mir bedacht, das will ich euch eröffnen: Welcher von euch der Faulste ist, der soll nach mir König werden."
Da sprach der Älteste: „Vater, so gehört das Reich mir, denn ich bin so faul, wenn ich liege und will schlafen und es fällt mir ein Tropfen in die Augen, so mag ich sie nicht zutun, damit ich einschlafe."
Der Zweite sprach: „Vater, das Reich gehört mir, denn ich bin so faul, wenn ich beim Feuer sitze, mich zu wärmen, so ließ ich mir eher die Fersen verbrennen, eh' ich die Beine zurückzöge."
Der Dritte sprach: „Vater, das Reich ist mein, denn ich bin so faul, sollt ich aufgehenkt werden und hätte den Strick schon um den Hals und einer gäbe mir ein scharfes Messer in die Hand, damit ich den Strick zerschneiden dürfte, so ließ ich mich eher aufhenken, eh' ich meine Hand erhübe zum Strick." Wie der Vater das hörte, sprach er: „Du hast es am weitesten gebracht und sollst der König sein."

Jacob und Wilhelm Grimm

Die Brautschau

Es war ein junger Hirt, der wollte heiraten und kannte drei Schwestern, davon war eine so schön wie die andere, dass ihm die Wahl schwer wurde und er sich nicht entscheiden konnte, einer davon den Vorzug zu geben. Da fragte er seine Mutter um Rat, die sprach: „Lad alle drei ein und setz ihnen Käs vor und hab acht, wie sie ihn anschneiden."
Das tat der Jüngling, die Erste aber verschlang den Käs mit der Rinde; die Zweite schnitt in der Hast die Rinde vom Käs ab, weil sie aber so hastig war, ließ sie noch viel Gutes daran und warf das mit weg; die Dritte schälte ordentlich die Rinde ab, nicht zu viel und nicht zu wenig.
Der Hirt erzählte das alles seiner Mutter, da sprach sie: „Nimm die Dritte zu deiner Frau." Das tat er und lebte zufrieden und glücklich mit ihr.

Jacob und Wilhelm Grimm

DER KÄSETEST.

Aufgabe

2. Welche Gemeinsamkeiten zwischen den drei Märchen sind dir aufgefallen? Notiere Stichworte.

_____

_____

_____

Fortsetzung auf Seite 28

Fortsetzung von Seite 27 **Märchen, die sich ähneln**

Aufgaben

3. In allen drei Märchen wird ein Wettkampf ausgetragen.
   Um welche Belohnungen geht es dabei? Notiere.

   Die drei Brüder: _____

   Die drei Faulen: _____

   Die Brautschau: _____

4. „Die drei Brüder" und „Die Brautschau" haben ein Happy End. Formuliere mit eigenen Worten, worin dieses Happy End besteht.

   Die drei Brüder: _____

   _____

   Die Brautschau: _____

   _____

5. Formuliere ein Happy End für „Die drei Faulen".

   Die drei Faulen: _____

   _____

6. Schreibe selbst ein Märchen, das ähnlich aufgebaut ist.
   Beantworte dafür zuerst die folgenden Fragen.

   Welche drei Figuren sollen in deinem Märchen im Mittelpunkt stehen?

   _____

   Welche Aufgaben sollen die Figuren in deinem Märchen erfüllen?

   _____

   Wer stellt die Aufgaben und trifft zum Schluss eine Entscheidung?

   _____

   Um welche Belohnung soll es gehen?

   _____

   _____

   Worin besteht das Happy End?

   _____

   _____

Rätselmärchen

Drei Frauen waren verwandelt in Blumen, die auf dem Felde standen, doch deren eine durfte des Nachts in ihrem Hause sein. Da sprach sie auf eine Zeit zu ihrem Mann, als sich der Tag
5 nahete und sie wiederum zu ihren Gespielen auf das Feld gehen und eine Blume werden musste: „So du heute Vormittag kommst und mich abbrichst, werde ich erlöst und fürder bei dir bleiben"; als dann auch geschah. Nun ist
10 die Frage, wie sie ihr Mann erkannt habe, so die Blumen ganz gleich und ohne Unterschied waren.

Jacob und Wilhelm Grimm

Aufgaben

1. Die drei Blumen sehen alle gleich aus.
   Woran hat der Mann die richtige Blume dann erkennen können?
   Überlege dir eine nachvollziehbare Erklärung und schreibe sie auf.

   _____
   _____
   _____

2. Vergleiche deine Lösung mit der der Brüder Grimm.

   > Antwort: Dieweil sie die Nacht in ihrem Haus und nicht auf dem Feld war, fiel der Tau nicht auf sie als auf die andern zwei, dabei sie der Mann erkannte.

3. Überzeugt dich die Lösung der Brüder Grimm? Begründe deine Ansicht.

   _____
   _____
   _____

4. Schreibe das „Rätselmärchen" in ein typisches Märchen um. Gehe so vor:
   - Erzähle am Anfang die Vorgeschichte. Folgende Fragen helfen dir:
     – Wer hat die drei Frauen in Blumen verwandelt?
     – Wer sind die beiden anderen Frauen?
     – Woher wusste der Mann, dass seine Frau in eine Blume verwandelt wurde?
   - Schreibe einen Schluss. Überlege dabei:
     – Was wird aus den zwei anderen Blumen?
     – Was geschieht mit demjenigen, der die Frauen in Blumen verwandelt hat?
   - Schreibe den Mittelteil. Baue dazu die Handlung des „Rätselmärchens" noch etwas aus.

5. Erfinde ein neues Rätselmärchen.

Die Bienenkönigin

Zwei Königssöhne gingen einmal auf Abenteuer und gerieten in ein wildes, wüstes Leben, sodass sie gar nicht wieder nach Haus kamen. Der Jüngste, welcher der Dummling hieß, machte sich auf und suchte seine Brüder. Aber wie er sie endlich fand, verspotteten sie ihn, dass er mit seiner Einfalt sich durch die Welt schlagen wollte, und sie zwei könnten nicht durchkommen und wären doch viel klüger.

Sie zogen alle drei miteinander fort und kamen an einen Ameisenhaufen. Die zwei Ältesten wollten ihn aufwühlen und sehen, wie die kleinen Ameisen in der Angst herumkröchen und ihre Eier forttrügen, aber der Dummling sagte: „Lasst die Tiere in Frieden, ich leid's nicht, dass ihr sie stört!"

Da gingen sie weiter und kamen an einen See, auf dem schwammen viele, viele Enten. Die zwei Brüder wollten ein paar fangen und braten, aber der Dummling ließ es nicht zu und sprach: „Lasst die Tiere in Frieden, ich leid's nicht, dass ihr sie tötet!"

Endlich kamen sie an ein Bienennest, darin war so viel Honig, dass er am Stamm herunterlief. Die zwei wollten Feuer unter den Baum legen und die Bienen ersticken, damit sie den Honig wegnehmen könnten. Der Dummling hielt sie aber wieder ab und sprach: „Lasst die Tiere in Frieden, ich leid's nicht, dass ihr sie verbrennt!"

Endlich kamen die drei Brüder in ein Schloss, wo in den Ställen lauter steinerne Pferde standen, auch war kein Mensch zu sehen, und sie gingen durch alle Ställe, bis sie vor eine Türe ganz am Ende kamen, davor hingen drei Schlösser; es war aber mitten in der Türe ein Lädlein, dadurch konnte man in die Stube sehen. Da sahen sie ein graues Männchen, das an einem Tisch saß. Sie riefen es an, einmal, zweimal, aber es hörte nicht. Endlich riefen sie zum dritten Mal; da stand es auf, öffnete die Schlösser und kam heraus. Es sprach aber kein Wort, sondern führte sie zu einem reich besetzten Tisch; und als sie gegessen und getrunken hatten, brachte es einen jeglichen in sein eigenes Schlafgemach.

Am andern Morgen kam das graue Männchen zu dem Ältesten, winkte und leitete ihn zu einer steinernen Tafel, darauf standen drei Aufgaben geschrieben, wodurch das Schloss erlöst werden könnte. Die erste war: In dem Wald unter dem Moos lagen die Perlen der Königstochter, tausend an der Zahl; die mussten aufgesucht werden, und wenn vor Sonnenuntergang noch eine einzige fehlte, so ward der, welcher gesucht hatte, zu Stein. Der Älteste ging hin und suchte den ganzen Tag, als aber der Tag zu Ende war, hatte er erst hundert gefunden; es geschah, wie auf der Tafel stand: Er ward in Stein verwandelt. Am folgenden Tage unternahm der zweite Bruder das Abenteuer; es ging ihm aber nicht viel besser als dem ältesten, er fand nicht mehr als zweihundert Perlen und ward zu Stein. Endlich kam auch an den Dummling die Reihe, der suchte im Moos; es war aber so schwer, die Perlen zu finden, und ging so langsam. Da setzte er sich auf einen Stein und weinte. Und wie er so saß, kam der Ameisenkönig, dem er einmal das Leben erhalten hatte, mit fünftausend Ameisen, und es währte gar nicht lange, so hatten die kleinen Tiere die Perlen miteinander gefunden und auf einen Haufen getragen.

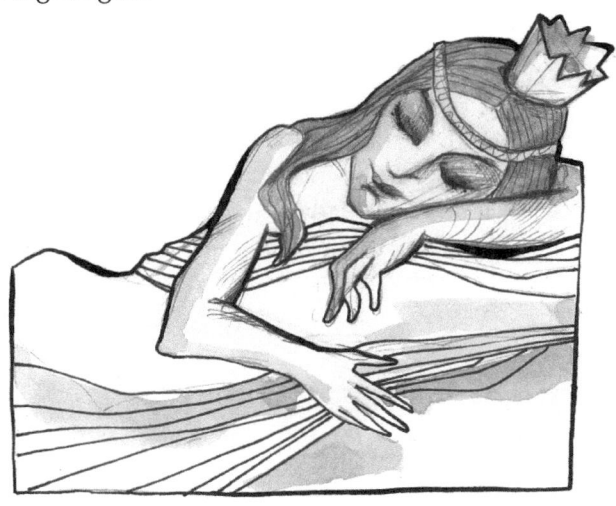

Die zweite Aufgabe aber war, den Schlüssel zu der Schlafkammer der Königstochter aus dem See zu holen. Wie der Dummling zum See kam, schwammen die Enten, die er einmal gerettet hatte, heran, tauchten unter und holten den Schlüssel aus der Tiefe.

Die dritte Aufgabe aber war die schwerste: Von den drei schlafenden Töchtern des Königs sollte die jüngste und die liebste herausgesucht werden. Sie glichen sich aber vollkommen und waren durch nichts verschieden, als dass sie, bevor sie eingeschlafen waren, verschiedene Süßigkeiten gegessen hatten, die älteste ein Stück Zucker, die zweite ein wenig Sirup, die jüngste einen Löffel Honig. Da kam die Bienenkönigin von den Bienen, die der Dummling vor dem Feuer geschützt hatte, und versuchte den Mund von allen dreien, zuletzt blieb sie auf dem Mund sitzen, der Honig gegessen hatte, und so erkannte der Königssohn die Rechte.

Da war der Zauber vorbei, alles war aus dem Schlaf erlöst, und wer von Stein war, erhielt seine menschliche Gestalt wieder. Und der Dummling vermählte sich mit der Jüngsten und Liebsten und ward König nach ihres Vaters Tod, seine zwei Brüder aber erhielten die beiden andern Schwestern.

Jacob und Wilhelm Grimm

Fortsetzung von Seite 30 **Die Bienenkönigin**

Aufgaben

1. Sind die beiden älteren Brüder wirklich klug? Und ist der Jüngste wirklich ein Dummling? Formuliere deine Ansicht.

2. Du weißt sicher, dass die Zahl Drei in Märchen oft eine Rolle spielt. Notiere, was in diesem Märchen alles drei Mal vorkommt.

3. Gestalte die Steintafel mit den Aufgaben. Gehe so vor:
   - Schreibe die Aufgaben im Imperativ (= Befehlsform) auf ein Blatt Papier. Du findest auf dem Bild bereits ein Beispiel.
   - Gestalte das Papier so, dass es aussieht wie ein alter Stein.

4. Erfinde selbst drei Aufgaben, die erfüllt werden müssen, um ein verzaubertes Schloss zu erlösen.

Rumpelstilzchen

Es war einmal ein Müller, der war arm, aber er hatte eine schöne Tochter. Nun traf es sich, dass er mit dem König zu sprechen kam, und zu ihm sagte: „Ich habe eine Tochter, die kann Stroh zu Gold spinnen." Dem König, der das Gold lieb hatte, gefiel die Kunst gar wohl, und er befahl, die Müllerstochter sollte alsbald vor ihn gebracht werden. Dann führte er sie in eine Kammer, die ganz voll Stroh war, gab ihr Rad und Haspel[1], und sprach: „Wenn du diese Nacht durch bis morgen früh dieses Stroh nicht zu Gold versponnen hast, so musst du sterben." Darauf ward die Kammer verschlossen, und sie blieb allein darin.

Da saß nun die arme Müllerstochter und wusste um ihr Leben keinen Rat, denn sie verstand gar nichts davon, wie das Stroh zu Gold zu spinnen war, und ihre Angst ward immer größer, dass sie endlich zu weinen anfing. Da ging auf einmal die Türe auf, und trat ein kleines Männchen herein und sprach: „Guten Abend, Jungfer Müllerin, warum weint sie so sehr?" „Ach", antwortete das Mädchen, „ich soll Stroh zu Gold spinnen und verstehe das nicht." Sprach das Männchen: „Was gibst du mir, wenn ich dir's spinne?" „Mein Halsband", sagte das Mädchen. Das Männchen nahm das Halsband, setzte sich vor das Rädchen, und schnurr, schnurr, schnurr, dreimal gezogen, war die Spule voll. Dann steckte es eine andere auf, und schnurr, schnurr, schnurr, dreimal gezogen, war auch die zweite voll: und so ging's fort bis zum Morgen, da war alles Stroh versponnen, und alle Spulen waren voll Gold. Als der König kam und nachsah, da erstaunte er und freute sich, aber sein Herz wurde nur noch begieriger und er ließ die Müllerstochter in eine andere Kammer voll Stroh bringen, die noch viel größer war, und befahl ihr, das auch in einer Nacht zu spinnen, wenn ihr das Leben lieb wäre. Das Mädchen wusste sich nicht zu helfen und weinte, da ging abermals die Türe auf, und das kleine Männchen kam und sprach: „Was gibst du mir, wenn ich dir das Stroh zu Gold spinne?" „Meinen Ring von dem Finger", antwortete das Mädchen. Das Männchen nahm den Ring und fing wieder an zu schnurren mit dem Rade und hatte bis zum Morgen alles Stroh zu glänzendem Gold gesponnen. Der König freute sich über die Maßen bei dem Anblick, war aber noch immer nicht Goldes satt, sondern ließ die Müllerstochter in eine noch größere Kammer voll Stroh bringen und sprach: „Die musst du noch in dieser Nacht verspinnen; wenn dir das gelingt, sollst du meine Gemahlin werden." ‚Denn', dachte er, ‚eine reichere Frau kannst du auf der Welt nicht haben.' Als das Mädchen allein war, kam das Männlein zum dritten Mal wieder und sprach: „Was gibst du mir, wenn ich dir noch diesmal das Stroh spinne?" „Ich habe nichts mehr, das ich geben könnte", antwortete das Mädchen. „So versprich mir, wenn du Königin wirst, dein erstes Kind." „Wer weiß, wie das noch geht", dachte die Müllerstochter und wusste sich auch in der Not nicht anders zu helfen und versprach dem Männchen, was es verlangte; dafür spann das Männchen noch einmal das Stroh zu Gold. Und als am Morgen der König kam und alles fand, wie er gewünscht hatte, so hielt er Hochzeit mit ihr, und die schöne Müllerstochter ward eine Königin.

1 Haspel: Garnwinde

Fortsetzung von Seite 32

Rumpelstilzchen

Über ein Jahr brachte sie ein schönes Kind zur Welt und dachte gar nicht mehr an das Männchen, da trat es in ihre Kammer und sprach: „Nun gib mir, was du versprochen hast." Die Königin erschrak und bot dem Männchen alle Reichtümer des Königreichs an, wenn es ihr das Kind lassen wollte, aber das Männchen sprach: „Nein, etwas Lebendes ist mir lieber als alle Schätze der Welt." Da fing die Königin so an zu jammern und zu weinen, dass das Männchen Mitleiden mit ihr hatte und sprach: „Drei Tage will ich dir Zeit lassen, wenn du bis dahin meinen Namen weißt, so sollst du dein Kind behalten."
Nun dachte die Königin die ganze Nacht über an alle Namen, die sie jemals gehört hatte, und schickte einen Boten über Land, der sollte sich erkundigen weit und breit nach neuen Namen. Als am andern Tag das Männchen kam, fing sie an mit Caspar, Melchior, Balzer und sagte alle Namen, die sie wusste, nach der Reihe her, aber bei jedem sprach das Männlein: „So heiß ich nicht." Den zweiten Tag ließ sie herumfragen bei allen Leuten und sagte dem Männlein die ungewöhnlichsten und seltsamsten vor, Rippenbiest, Hammelswade, Schnürbein, aber es blieb dabei: „So heiß ich nicht." Den dritten Tag kam der Bote wieder zurück und erzählte: „Neue Namen habe ich keinen einzigen finden können, aber wie ich an einen hohen Berg um die Waldecke kam, wo Fuchs und Has sich gute Nacht sagen, so sah ich da ein kleines Haus und vor dem Haus brannte ein Feuer und um das Feuer sprang ein gar zu lächerliches Männchen, hüpfte auf einem Bein und schrie:

„Heute back ich, morgen brau ich,
übermorgen hol ich der Königin ihr Kind;
ach, wie gut ist, dass niemand weiß,
dass ich Rumpelstilzchen heiß!"

Da war die Königin ganz froh, dass sie den Namen wusste, und als bald hernach das Männlein kam und sprach: „Nun, Frau Königin, wie heiß ich?", fragte sie erst: „Heißest du Kunz?" „Nein." „Heißest du Heinz?" „Nein." „Heißt du etwa Rumpelstilzchen?"
„Das hat dir der Teufel gesagt, das hat dir der Teufel gesagt", schrie das Männlein und stieß mit dem rechten Fuß vor Zorn so tief in die Erde, dass es bis an den Leib hineinfuhr, dann packte es in seiner Wut den linken Fuß mit beiden Händen und riss sich selbst mitten entzwei.

Jacob und Wilhelm Grimm

Aufgaben

1. Gestaltet gemeinsam ein Märchenhörspiel.
   - Ordnet dem Märchenerzähler und jeder Figur eine Farbe zu.
   - Markiert die Redeanteile des Erzählers und der Figuren im Text.
   - Bereitet den Vortrag des Märchens vor:
     Überlegt, wie bestimmte Textstellen betont werden sollen und macht euch entsprechende Zeichen oder Bemerkungen an den Textrand:

     \> = *lauter,*   < = *leiser,*
     \+ = *schneller,*   – = *langsamer,*
     I = *kurze Pause,*   II = *längere Pause,*
     ~ = *zittrige, ängstliche Stimme usw.*
   - Übt den Vortrag mit verteilten Rollen.
   - Überlegt gemeinsam, zu welchen Stellen ihr Hintergrundgeräusche einsetzen wollt.
   - Markiert die entsprechenden Textstellen.
   - Probiert aus, wie ihr die Hintergrundgeräusche herstellen könnt, zum Beispiel das Schnurren des Spinnrads.
   - Nehmt alles mit dem Kassettenrecorder auf.
   - Spielt euer Hörspiel zum Beispiel bei einem Klassenlehrernachmittag oder einem Elternabend vor.

2. Übersetze das Märchen in die heutige Zeit. Überlege:
   - Welche Berufe und Funktionen sollen die Figuren haben?
   - Was könnte die Hauptfigur Zeitgemäßeres tun, als „Stroh zu Gold zu spinnen"?
   - Gibt es zeitgemäßere Namen?

   Tipp: Du kannst auch dein modernes Märchen als Hörspiel aufnehmen.

Die drei Spinnerinnen

Es war ein Mädchen faul und wollte nicht spinnen, und die Mutter mochte sagen, was sie wollte, sie konnte es nicht dazu bringen. Endlich übernahm[1] die Mutter einmal Zorn und Ungeduld, dass sie ihm Schläge gab, worüber es laut zu weinen anfing. Nun fuhr gerade die Königin vorbei, und als sie das Weinen hörte, ließ sie anhalten, trat in das Haus und fragte die Mutter, warum sie ihre Tochter schlüge, dass man draußen auf der Straße das Schreien hörte. Da schämte sich die Frau, dass sie die Faulheit ihrer Tochter offenbaren sollte, und sprach: „Ich kann sie nicht vom Spinnen abbringen, sie will immer und ewig spinnen und ich bin arm und kann den Flachs nicht herbeischaffen." Da antwortete die Königin: „Ich höre nichts lieber als spinnen und bin nicht vergnügter, als wenn die Räder schnurren: Gebt mir eure Tochter mit ins Schloss, ich habe Flachs genug, da soll sie spinnen, so viel sie Lust hat." Die Mutter war's von Herzen gerne zufrieden und die Königin nahm das Mädchen mit. Als sie ins Schloss gekommen waren, führte sie es hinauf zu drei Kammern, die lagen von unten bis oben voll vom schönsten Flachs. „Nun spinn mir diesen Flachs", sprach sie, „und wenn du es fertigbringst, so sollst du meinen ältesten Sohn zum Gemahl haben; bist du gleich arm, so acht ich nicht darauf, dein unverdrossner Fleiß ist Ausstattung genug." Das Mädchen erschrak innerlich, denn es konnte den Flachs nicht spinnen, und wär's dreihundert Jahr alt geworden und hätte jeden Tag vom Morgen bis Abend dabei gesessen. Als es nun allein war, fing es an zu weinen und saß so drei Tage, ohne die Hand zu rühren. Am dritten Tage kam die Königin, und als sie sah, dass noch nichts gesponnen war, verwunderte sie sich, aber das Mädchen entschuldigte sich damit, dass es vor großer Betrübnis über die Entfernung aus seiner Mutter Hause noch nicht hätte anfangen können. Das ließ sich die Königin gefallen, sagte aber beim Weggehen: „Morgen musst du mir anfangen zu arbeiten."

Als das Mädchen wieder allein war, wusste es sich nicht mehr zu raten und zu helfen, und trat in seiner Betrübnis vor das Fenster. Da sah es drei Weiber herkommen, davon hatte die erste einen breiten Platschfuß, die zweite hatte eine so große Unterlippe, dass sie über das Kinn herunterhing, und die dritte hatte einen breiten Daumen. Die blieben vor dem Fenster stehen, schauten hinauf und fragten das Mädchen, was ihm fehlte. Es klagte ihnen seine Not, da trugen sie ihm ihre Hilfe an und sprachen: „Willst du uns zur Hochzeit einladen, dich unser nicht schämen und uns deine Basen[2] heißen, auch an deinen Tisch setzen, so wollen wir dir den Flachs wegspinnen, und das in kurzer Zeit." „Von Herzen gern", antwortete es, „kommt nur herein und fangt gleich die Arbeit an." Da ließ es die drei seltsamen Weiber herein und machte in der ersten Kammer eine Lücke, wo sie sich hinsetzten und ihr Spinnen anhuben. Die Eine zog den Faden und trat das Rad, die andere netzte den Faden, die Dritte drehte ihn und schlug mit dem Finger auf den Tisch, und sooft sie schlug, fiel eine Zahl Garn zur Erde, und das war aufs feinste gesponnen. Vor der Königin verbarg sie die drei Spinnerinnen und zeigte ihr, sooft sie kam, die Menge des gesponnenen Garns, dass diese des Lobes kein Ende fand. Als die erste Kammer leer war, ging's an die zweite, endlich an die dritte, und die war auch bald aufgeräumt. Nun nahmen die drei Weiber Abschied und sagten zum Mädchen: „Vergiss nicht, was du uns versprochen hast, es wird dein Glück sein."

Als das Mädchen der Königin die leeren Kammern und den großen Haufen Garn zeigte, richtete sie die Hochzeit aus, und der Bräutigam freute sich, dass er eine so geschickte und fleißige Frau bekäme, und lobte sie gewaltig. „Ich habe drei Basen", sprach das Mädchen, „und da sie mir viel Gutes getan haben, so wollte ich sie nicht gern in meinem Glück vergessen: Erlaubt doch, dass ich sie zu der Hochzeit einlade und dass sie mit an dem Tisch sitzen." Die Königin und der Bräutigam sprachen: „Warum sollen wir das nicht erlauben?" Als nun das Fest anhub, traten die drei Jungfern in wunderlicher Tracht herein, und die Braut sprach: „Seid willkommen, liebe Basen." „Ach", sagte der Bräutigam, „wie kommst du zu der garstigen Freundschaft?" ...

Jacob und Wilhelm Grimm

1 übernahm: hier: überkam
2 Basen: Kusinen

Fortsetzung auf Seite 35

Fortsetzung von Seite 34 **Die drei Spinnerinnen**

Aufgaben

1. Wie könnte das Märchen enden? Verfasse einen Schluss.

_____
_____
_____
_____
_____
_____
_____

2. Vergleiche deinen Schluss mit dem Original.

> Darauf ging er zu der Einen mit dem breiten Platschfuß und fragte: „Wovon habt Ihr einen solchen breiten Fuß?" „Vom Treten", antwortete sie, „vom Treten." Da ging der Bräutigam zur Zweiten und sprach: „Wovon habt Ihr nur die herunterhängende Lippe?" „Vom Lecken", antwortete sie, „vom Lecken." Da fragte er die Dritte: „Wovon habt Ihr den breiten Daumen?" „Vom Fadendrehen", antwortete sie, „vom Fadendrehen." Da erschrak der Königssohn und sprach: „So soll mir nun und nimmermehr meine schöne Braut ein Spinnrad anrühren." Damit war sie das böse Flachsspinnen los.

3. Schreibe anstelle der jungen Braut einen Dankesbrief an die drei Spinnerinnen.
   Bringe in dem Brief auch ihre Gedanken und Gefühle zum Ausdruck.
   Beachte: Die junge Braut hat zwei Gründe, um sich zu bedanken.

> *Ihr lieben Spinnerinnen,*
> *ich weiß nicht, wie ich euch danken soll …*

4. Vergleiche das Märchen von den drei Spinnerinnen mit dem Märchen „Rumpelstilzchen" (Seiten 32–33).
   Notiere Gemeinsamkeiten und Unterschiede.
   Tipp: Achte auf den Handlungsablauf, auf Figuren, Gegenstände, Anfang und Ende.

Doktor Allwissend

Es war einmal ein armer Bauer namens Krebs, der fuhr mit zwei Ochsen ein Fuder[1] Holz in die Stadt und verkaufte es für zwei Taler an einen Doktor. Wie ihm nun das Geld ausbezahlt wurde, saß der Doktor gerade zu Tisch; da sah der Bauer, wie er schön aß und trank, und das Herz ging ihm danach auf, und er wäre auch gern ein Doktor gewesen. Also blieb er noch ein Weilchen stehen und fragte endlich, ob er nicht auch könnte ein Doktor werden. „O ja", sagte der Doktor, „das ist bald geschehen." „Was muss ich tun?", fragte der Bauer. „Erstlich kauf dir ein ABC-Buch, so eins, wo vorn ein Gockelhahn drin ist; zweitens mache deinen Wagen und deine zwei Ochsen zu Geld und schaff dir damit Kleider an und was sonst zur Doktorei gehört; drittens lass dir ein Schild malen mit den Worten ‚Ich bin der Doktor Allwissend' und lass das oben über deine Haustür nageln!" Der Bauer tat alles, wie's ihm geheißen war. Als er nun ein wenig gedoktert hatte, aber noch nicht viel, ward einem reichen, großen Herrn Geld gestohlen. Da ward ihm von dem Doktor Allwissend gesagt, der in dem und dem Dorfe wohnte und auch wissen müsste, wo das Geld hingekommen wäre. Also ließ der Herr seinen Wagen anspannen, fuhr hinaus ins Dorf und fragte bei ihm an, ob er der Doktor Allwissend wäre. Ja, der wär er. So sollte er mitgehen und das gestohlene Geld wiederschaffen. O ja, aber die Grete, seine Frau, müsste auch mit. Der Herr war damit zufrieden und ließ sie beide in den Wagen sitzen, und sie fuhren zusammen fort. Als sie auf den adligen Hof kamen, war der Tisch gedeckt; da sollte er erst mitessen. Ja, aber seine Frau, die Grete, auch, sagte er und setzte sich mit ihr hinter den Tisch. Wie nun der erste Bediente mit einer Schüssel schönem Essen kam, stieß der Bauer seine Frau an und sagte: „Grete, das war der Erste", und meinte, es wäre derjenige, welcher das erste Essen brächte. Der Bediente aber meinte, er hätte damit sagen wollen: Das ist der erste Dieb; und weil er's nun wirklich war, ward ihm angst, und er sagte draußen zu seinen Kameraden: „Der Doktor weiß alles, wir kommen übel an; er hat gesagt, ich wäre der Erste." Der Zweite wollte gar nicht herein, er musste aber doch. Wie er nun mit seiner Schüssel hereinkam, stieß der Bauer seine Frau an: „Grete, das ist der Zweite." Dem Bedienten ward ebenfalls angst, und er machte, dass er hinauskam. Dem Dritten ging's nicht besser; der Bauer sagte wieder: „Grete, das ist der Dritte." Der Vierte musste eine verdeckte Schüssel hereintragen, und der Herr sprach zum Doktor, er sollte seine Kunst zeigen und

raten, was darunter läge; es waren aber Krebse. Der Bauer sah die Schüssel an, wusste nicht, wie er sich helfen sollte, und sprach: „Ach, ich armer Krebs!" Wie der Herr das hörte, rief er: „Da, er weiß es, nun weiß er auch, wer das Geld hat."
Dem Bedienten aber ward gewaltig angst, und er blinzelte den Doktor an, er möchte einmal herauskommen. Wie er nun hinauskam, gestanden sie ihm alle viere, sie hätten das Geld gestohlen; sie wollten's ja gerne herausgeben und ihm eine schwere Summe dazu, wenn er sie nicht verraten wollte; es ginge ihnen sonst an den Hals. Sie führten ihn auch hin, wo das Geld versteckt lag. Damit war der Doktor zufrieden, ging wieder hinein, setzte sich an den Tisch und sprach: „Herr, nun will ich in meinem Buch suchen, wo das Geld steckt." Der fünfte Bediente aber kroch in den Ofen und wollte hören, ob der Doktor noch mehr wüsste. Der saß aber und schlug sein ABC-Buch auf, blätterte hin und her und suchte den Gockelhahn. Weil er ihn nicht gleich finden konnte, sprach er: „Du bist doch darin und musst auch heraus." Da glaubte der im Ofen, er wäre gemeint, sprang voller Schrecken heraus und rief: „Der Mann weiß alles." Nun zeigte der Doktor Allwissend dem Herrn, wo das Geld lag, sagte aber nicht, wer's gestohlen hatte, bekam von beiden Seiten viel Geld zur Belohnung und ward ein berühmter Mann.

Jacob und Wilhelm Grimm

1 Fuder: eine alte Mengenangabe

Fortsetzung von Seite 36 **Doktor Allwissend**

Aufgaben

1. Drei Dinge muss der Bauer Krebs angeblich tun, um ein Doktor zu werden. Notiere, welche Dinge das sind.

   _____

   _____

2. Die Ratschläge des Doktors an den Bauern Krebs sind nicht ernst gemeint. Erkläre, woran man das erkennen kann.

   _____

   _____

   _____

   _____

3. Gestalte auf einem Zeichenblatt das Schild des Doktor Allwissend.

4. Stellt das Märchen „Doktor Allwissend" als Schattenspiel dar. Geht so vor:
   - Teilt das Märchen in Spielszenen auf.
   - Überlegt, welche Figuren, Gegenstände und Hintergründe ihr braucht.
   - Schneidet die Figuren und Gegenstände aus schwarzem dicken Karton aus.
   - Befestigt die Figuren und Gegenstände an dünnen Holzstäbchen.
   - Erstellt einen Spielplan nach diesem Muster:

Spiel-szenen	Inhalt in Stichworten	Welche Figuren und Gegenstände werden gebraucht?	Hintergrund (Beschreibung)	Text (Was sagen die Figuren, was der Erzähler?)	Regieanweisungen (Wie bewegen sich die Figuren?)

Hans im Glück

Hans hatte sieben Jahre bei seinem Herrn gedient, da sprach er zu ihm: „Herr, meine Zeit ist herum, nun wollte ich gerne wieder heim zu meiner Mutter, gebt mir meinen Lohn." Der Herr antwortete: „Du hast mir treu und ehrlich gedient, wie der Dienst war, so soll der Lohn sein", und gab ihm ein Stück Gold, das so groß als Hansens Kopf war. Hans zog sein Tüchlein aus der Tasche, wickelte den Klumpen hinein, setzte ihn auf die Schulter und machte sich auf den Weg nach Haus. Wie er so dahinging und immer ein Bein vor das andere setzte, kam ihm ein Reiter in die Augen, der frisch und fröhlich auf einem muntern Pferde vorbeitrabte. „Ach", sprach Hans ganz laut, „was ist das Reiten ein schönes Ding! Da sitzt einer wie auf einem Stuhl, stößt sich an keinen Stein, spart die Schuh und kommt fort, er weiß nicht wie." Der Reiter, der das gehört hatte, hielt an und rief: „Ei, Hans, warum läufst du auch zu Fuß?" „Ich muss ja wohl, da habe ich einen Klumpen heimzutragen, es ist zwar Gold, aber ich kann den Kopf dabei nicht geradhalten; auch drückt mir's auf die Schulter." „Weißt du was", sagte der Reiter, „wir wollen tauschen, ich gebe dir mein Pferd, und du gibst mir deinen Klumpen." „Von Herzen gern", sprach Hans, „aber ich sage Euch, Ihr müsst Euch damit schleppen." Der Reiter stieg ab, nahm das Gold und half dem Hans hinauf, gab ihm die Zügel fest in die Hände und sprach: „Wenn's nun recht geschwind soll gehen, so musst du mit der Zunge schnalzen und hopp, hopp rufen."

Hans war seelenfroh, als er auf dem Pferde saß und so frank und frei dahinritt. Über ein Weilchen fiel's ihm ein, es sollte noch schneller gehen, und fing an, mit der Zunge zu schnalzen und „hopp, hopp" zu rufen. Das Pferd setzte sich in starken Trab, und ehe sich's Hans versah, war er abgeworfen und lag in einem Graben, der die Äcker von der Landstraße trennte. Das Pferd wäre auch durchgegangen, wenn es nicht ein Bauer aufgehalten hätte, der des Weges kam und eine Kuh vor sich hertrieb. Hans suchte seine Glieder zusammen und machte sich wieder auf die Beine. Er war aber verdrießlich und sprach zu dem Bauer: „Es ist ein schlechter Spaß, das Reiten, zumal wenn man auf so eine Mähre gerät wie diese, die stößt und einen herabwirft, dass man den Hals brechen kann, ich setze mich nun und nimmermehr wieder auf. Da lob ich mir Eure Kuh, da kann einer mit Gemächlichkeit hinterhergehen und hat obendrein seine Milch, Butter und Käse jeden Tag gewiss. Was gäb ich darum, wenn ich so eine Kuh hätte!" „Nun", sprach der Bauer, „geschieht Euch so ein großer Gefallen, so will ich Euch wohl die Kuh für das Pferd vertauschen." Hans willigte mit tausend Freuden ein; der Bauer schwang sich aufs Pferd und ritt eilig davon.

Hans trieb seine Kuh ruhig vor sich her und bedachte den glücklichen Handel. „Hab ich nur ein Stück Brot, und daran wird mir's doch nicht fehlen, so kann ich, so oft mir's beliebt, Butter und Käse dazu essen: Hab ich Durst, so melk ich meine Kuh und trinke Milch. Herz, was verlangst du mehr?" Als er zu einem Wirtshaus kam, machte er Halt, aß in der großen Freude alles, was er bei sich hatte, sein Mittag- und Abendbrot, rein auf und ließ sich für seine letzten paar Heller ein halbes Glas Bier einschenken. Dann trieb er seine Kuh weiter, immer nach dem Dorfe seiner Mutter zu. Die Hitze war drückender, je näher der Mittag kam, und Hans befand sich in einer Heide, die wohl noch eine Stunde dauerte. Da ward es ihm ganz heiß, sodass ihm vor Durst die Zunge am Gaumen klebte. „Dem Ding ist zu helfen", dachte Hans, „jetzt will ich meine Kuh melken und mich an der Milch laben." Er band sie an einen dürren Baum, und stellte, da er keinen Eimer hatte, seine Ledermütze unter; aber so sehr er sich auch bemühte, es kam kein Tropfen Milch zum Vorschein. Und weil er sich ungeschickt dabei anstellte, so gab ihm das ungeduldige Tier endlich mit einem der Hinterfüße einen solchen Schlag vor den Kopf, dass er zu Boden taumelte und eine Zeit lang sich gar nicht besinnen konnte, wo er war. Glücklicherweise kam gerade ein Metzger des Weges, der auf einem Schubkarren ein junges Schwein liegen hatte. „Was sind das für Streiche!", rief er und half dem guten Hans auf. Hans erzählte, was vorgefallen war. Der Metzger reichte ihm seine Flasche und sprach: „Da trinkt einmal und erholt Euch. Die Kuh will wohl keine Milch geben, das ist ein altes Tier, das höchstens noch zum Ziehen taugt oder zum Schlachten." „Ei, ei", sprach Hans, „aber ich mache mir aus dem Kuhfleisch nicht viel, es ist mir nicht saftig genug. Ja, wer so ein junges Schwein hätte! Das schmeckt anders, dabei noch die Würste." „Hört, Hans", sprach der Metzger, „Euch zuliebe will ich tauschen und will Euch das Schwein für die Kuh lassen." „Gott lohn Euch Eure Freundschaft!", sprach Hans und übergab ihm die Kuh und ließ sich das Schweinchen vom Karren losmachen und den Strick, woran es gebunden war, in die Hand geben.

Hans zog weiter und überdachte, wie ihm doch alles nach Wunsch ginge; begegnete ihm je eine Verdrießlichkeit, so würde sie doch gleich wieder gutgemacht. Es gesellte sich danach ein Bursch zu ihm, der trug eine schöne weiße Gans unter dem Arm. Sie boten einander die Zeit, und Hans fing an, von seinem Glück zu erzählen und wie er immer so vorteilhaft getauscht hätte. Der Bursch sagte ihm, dass er die

Fortsetzung auf Seite 39

Fortsetzung von Seite 38

Hans im Glück

Gans zu einem Kindtaufschmaus brächte. „Hebt einmal", fuhr er fort und packte sie bei den Flügeln, „wie schwer sie ist, die ist aber auch acht Wochen lang genudelt[1] worden. Wer in den Braten beißt, muss sich das Fett von beiden Seiten abwischen." „Ja", sprach Hans und wog sie mit der einen Hand, „die hat ihr Gewicht, aber mein Schwein ist auch keine Sau." Indessen sah sich der Bursch nach allen Seiten ganz bedenklich um, schüttelte auch wohl mit dem Kopf. „Hört", fing er darauf an, „mit Eurem Schweine mag's nicht so ganz richtig sein. In dem Dorfe, durch das ich gekommen bin, ist eben dem Schulzen eins aus dem Stall gestohlen worden; ich fürchte, ich fürchte, Ihr habt's da in der Hand. Sie haben Leute ausgeschickt, und es wäre ein schlimmer Handel, wenn sie Euch mit dem Schweine erwischten. Das Geringste ist, dass Ihr ins finstere Loch gesteckt werdet." Dem guten Hans ward bang; „ach Gott", sprach er, „helft mir aus der Not, Ihr wisst hier herum besser Bescheid, nehmt mein Schwein da und lasst mir Eure Gans."

„Ich muss schon etwas auf's Spiel setzen", antwortete der Bursche, „aber ich will doch nicht schuld sein, dass Ihr ins Unglück geratet." Er nahm also das Seil in die Hand und trieb das Schwein schnell auf einem Seitenweg fort. Der gute Hans aber ging, seiner Sorgen entledigt, mit der Gans unter dem Arme der Heimat zu. „Wenn ich's recht überlege", sprach er mit sich selbst, „habe ich noch Vorteil bei dem Tausch: erstlich den guten Braten, hernach die Menge von Fett, die herausträufeln wird, das gibt Gänsefettbrot auf ein Vierteljahr: und endlich die schönen weißen Federn, die lass ich mir in mein Kopfkissen stopfen, und darauf will ich wohl ungewiegt einschlafen. Was wird meine Mutter eine Freude haben!"

Als er durch das letzte Dorf gekommen war, stand da ein Scherenschleifer mit seinem Karren. Sein Rad schnurrte und er sang dazu:

*„Ich schleife die Schere und drehe geschwind
und hänge mein Mäntelchen nach dem Wind."*

Hans blieb stehen und sah ihm zu; endlich redete er ihn an und sprach: „Euch geht's wohl, weil ihr so lustig bei eurem Schleifen seid." „Ja", antwortete der Scherenschleifer, „das Handwerk hat einen güldenen Boden. Ein rechter Schleifer ist ein Mann, der, sooft er in die Tasche greift, auch Geld darin findet. Aber wo habt Ihr die schöne Gans gekauft?" „Die hab ich nicht gekauft, sondern für mein Schwein eingetauscht." „Und das Schwein?" „Das hab ich für eine Kuh gekriegt." „Und die Kuh?" „Die hab ich für ein Pferd bekommen." „Und das Pferd?" „Dafür hab ich einen Klumpen Gold, so groß als mein Kopf, gegeben." „Und das Gold?" „Ei, das war mein Lohn für sieben Jahre Dienst." „Ihr habt Euch jederzeit zu helfen gewusst", sprach der Schleifer, „könnt Ihr's nun dahinbringen, dass Ihr das Geld in der Tasche springen hört, wenn Ihr aufsteht, so habt Ihr Euer Glück gemacht." „Wie soll ich das anfangen?", sprach Hans. „Ihr müsst ein Schleifer werden wie ich: dazu gehört eigentlich nichts als ein Wetzstein, das andere findet sich schon von selbst. Da hab ich einen, der ist zwar ein wenig schadhaft, dafür sollt ihr mir aber auch weiter nichts als Eure Gans geben; wollt Ihr das?" „Wie könnt Ihr noch fragen", antwortete Hans, „ich werde ja zum glücklichsten Menschen auf Erden. Habe ich Geld, sooft ich in die Tasche greife, was brauche ich da länger zu sorgen?", reichte ihm die Gans hin und nahm den Wetzstein in Empfang. „Nun", sprach der Schleifer und hob einen gewöhnlichen, schweren Feldstein, der neben ihm lag, auf, „da habt Ihr noch einen tüchtigen Stein dazu, auf dem sich's gut schlagen lässt und Ihr Eure alten Nägel geradeklopfen könnt. Nehmt ihn und hebt ihn ordentlich auf." Hans lud den Stein auf und ging mit vergnügtem Herzen weiter; seine Augen leuchteten vor Freude, „ich muss in einer Glückshaut geboren sein", rief er aus, „alles, was ich wünsche, trifft mir ein wie einem Sonntagskind." Indessen, weil er seit Tagesanbruch auf den Beinen gewesen war, begann er müde zu werden. Auch plagte ihn der Hunger, da er allen Vorrat auf einmal in der Freude über die erhandelte Kuh aufgezehrt hatte. Er konnte endlich nur mit Mühe weitergehen und musste jeden Augenblick Halt machen; dabei drückten ihn die Steine ganz erbärmlich. Da konnte er sich des Gedankens nicht erwehren, wie gut es wäre, wenn er sie gerade jetzt nicht zu tragen brauchte. Wie eine Schnecke kam er zu einem Feldbrunnen geschlichen, wollte da ruhen und sich mit einem frischen Trunk laben; damit er aber die Steine im Niedersitzen nicht beschädigte, legte er sie bedächtig neben sich auf den Rand des Brunnens. Darauf setzte er sich nieder und wollte sich zum Trinken bücken, da versah er's, stieß ein klein wenig an, und beide Steine plumpsten hinab. Hans sprang vor Freuden auf, kniete dann nieder und dankte Gott mit Tränen in den Augen, dass er ihm auch diese Gnade noch erwiesen und ihm auf eine so gute Art, und ohne dass er sich einen Vorwurf zu machen brauchte, von den schweren Steinen befreit hätte. „So glücklich wie ich", rief er aus, „gibt es keinen Menschen unter der Sonne." Mit leichtem Herzen und frei von aller Last sprang er nun fort, bis er daheim bei seiner Mutter war.

---

1 genudelt: gestopft

Fortsetzung auf Seite 40

Fortsetzung von Seite 39

 **Hans im Glück**

Aufgaben

1. Erstelle zu dem Märchen der Brüder Grimm ein Flussdiagramm, das die Entwicklung von Hans' Besitz zeigt.

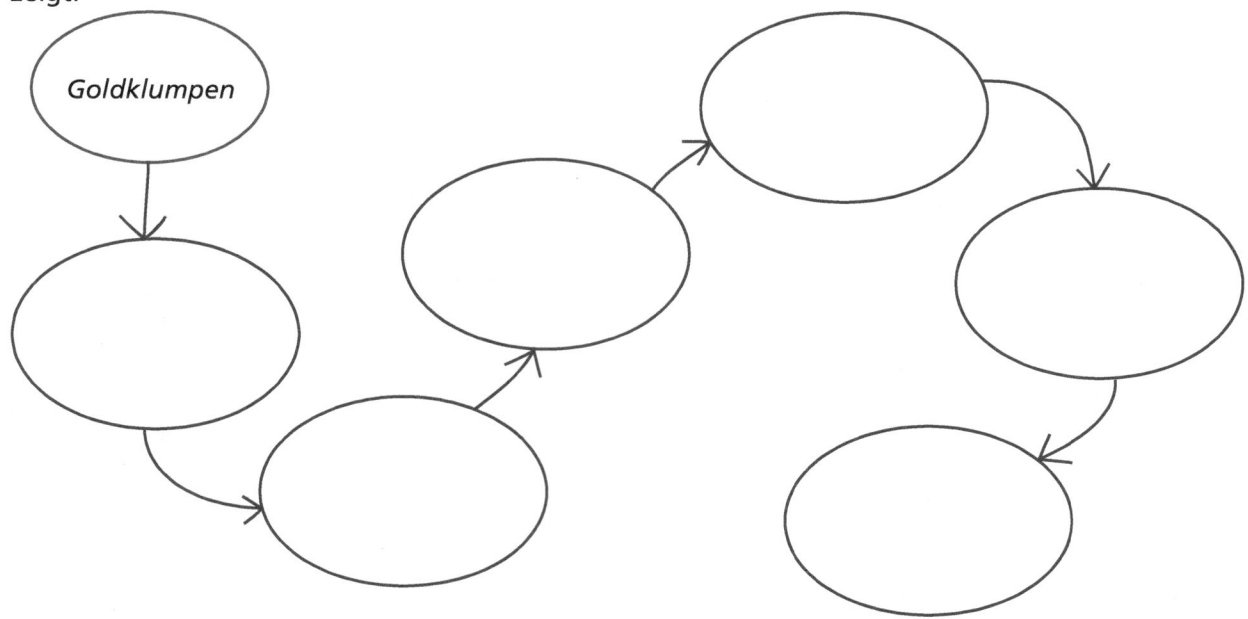

2. Beurteile die Tausch-Entscheidungen, die Hans trifft.
   _____
   _____

3. Welche Eigenschaften treffen auf Hans zu, welche auf seine Tauschpartner?
   Kreuze mit zwei unterschiedlichen Farben an und begründe.

   ❏ fröhlich   ❏ dumm   ❏ klug   ❏ leichtgläubig   ❏ hinterlistig

   Hans: _____
   _____
   _____

   Die Tauschpartner: _____
   _____
   _____

4. Ist Hans eine positive Märchenfigur? Begründe deine Meinung.

5. Notiere mögliche Gründe dafür, wieso man Kindern dieses Märchen erzählt.
   _____
   _____
   _____
   _____

Der süße Brei

Es war einmal ein armes, frommes Mädchen, das lebte mit seiner Mutter allein, und sie hatten nichts mehr zu essen. Da ging das Kind hinaus in den Wald und es begegnete ihm da eine alte Frau, die wusste seinen Jammer schon und schenkte ihm ein Töpfchen, zu dem sollt es sagen:

„————————————————————",

so kochte es guten süßen Hirsebrei, und wenn es sagte:

„————————————————————",

so hörte es wieder auf zu kochen. Das Mädchen brachte den Topf seiner Mutter heim, und nun waren sie ihrer Armut und ihres Hungers ledig und aßen den süßen Brei, sooft sie wollten. Auf eine Zeit war das Mädchen ausgegangen, da sprach die Mutter:

„————————————————————",

da kocht es, und sie isst sich satt; nun will sie, dass das Töpfchen wieder aufhören soll, aber sie weiß das Wort nicht …

? ? ?

Endlich, wie nur noch ein einziges Haus übrig ist, da kommt das Kind heim und spricht nur:

„————————————————————",

da steht es und hört auf zu kochen; und wer wieder in die Stadt wollte, der musste sich durchessen.

Jacob und Wilhelm Grimm

Aufgaben

1. Erkläre die folgenden Formulierungen mit eigenen Worten.

   die wusste seinen Jammer: _____

   sie waren ihres Hungers ledig: _____

   auf eine Zeit: _____

2. Schreibe passende Zauberworte auf die Zeilen im Text.

3. Die Mutter hat das Zauberwort vergessen. Und was passiert dann?
   Schreibe den fehlenden Mittelteil des Märchens.

Märchenquartett

Ein Märchenquartett könnt ihr in der Gruppe selbst herstellen.

Wer bin ich?

Ich habe mich im Wald verirrt, gemeinsam mit meiner Schwester. Die Brotkrumen, die uns den Weg nach Hause zeigen sollten, waren nicht mehr da.

Antwort:

_____

in dem Märchen

_____

Wer bin ich?

Nun mäste ich den Jungen schon seit Tagen, weil ich ihn braten will, aber immer, wenn ich teste, ob er endlich fett genug ist, fühlt sich sein Finger so dünn an.

Antwort:

_____

in dem Märchen

_____

Was bin ich?

Ich bin die Behausung einer Hexe und bin essbar.
Jeder, der mich essen will, wird von ihr gefangen genommen und gemästet.

Antwort:

_____

in dem Märchen

_____

Aus welchem Märchen stammt der Spruch?

„Knusper, knusper, knäuschen, wer knuspert an meinem Häuschen?"

Antwort:

Aus dem Märchen

_____

_____

Aufgaben

1. Beantworte die Fragen auf den Quartettkarten.
   Schreibe die Antworten auf die vorgesehenen Linien.

2. Erstellt nun selbst ein Märchenquartett. Geht so vor:
   - Jeder wählt ein bekanntes Märchen aus. Wichtig: Jeder sollte ein anderes Märchen wählen.
   - Überlegt euch nach dem Vorbild oben vier Fragen zu den Märchen.
   - Zeichnet die Kartenumrisse auf einen festen Karton.
   - Schreibt die Fragen und die unvollständigen Antworten auf die Karten.
   - Schneidet die Karten aus.
   - Tauscht die Karten untereinander und füllt sie aus.

Jetzt könnt ihr das Quartett spielen.

Märchen-Kreuzworträtsel

Aufgaben

1. Löse das folgende Kreuzworträtsel. Schreibe dazu in die vorgegebenen Kästchen.
   Tipp: Die Buchstaben in den fett gedruckten Kästchen ergeben ein Lösungswort.

   1. Die neidische Königin gibt Schneewittchen eine vergiftete Frucht. Welche?
   2. Aus welcher Stadt kommen die „berühmten" Stadtmusikanten?
   3. Mit was sticht sich Dornröschen in den Finger?
   4. In welchem Märchen spielen Spiegel eine große Rolle?
   5. Wie heißt das kleine Männchen, das um das Feuer herumtanzt und sich freut, weil die Königstochter seinen Namen nicht errät?

   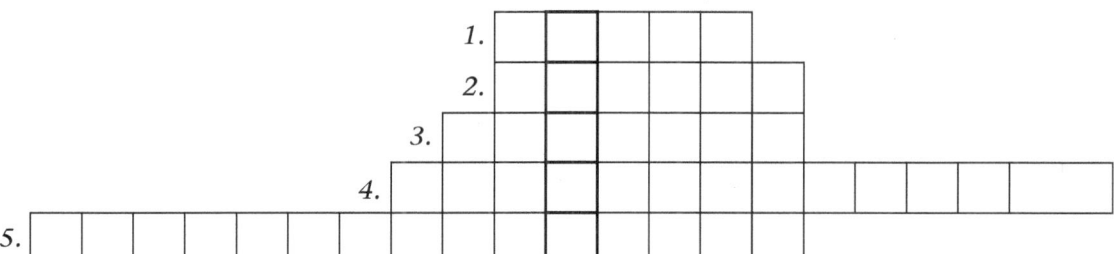

2. Notiere das Lösungswort: _____

3. Erstelle selbst ein Märchen-Kreuzworträtsel. Gehe so vor:
   - Entscheide dich zuerst für ein Lösungswort. Das Lösungswort sollte nicht zu lang sein.
   - Schreibe die Buchstaben des Lösungswortes senkrecht untereinander.
   - Finde Antworten, die zu deinem Lösungswort passen.
   - Zeichne nun das Kreuzworträtsel mit der passenden Anzahl an Feldern.
   - Überlege dir abschließend Fragen, die zu deinen Antworten passen.
   - Schreibe die Fragen auf.

   Tipp: Du kannst dein Kreuzworträtsel auch am Computer gestalten.
   Tipp: Ihr könnt alle Kreuzworträtsel kopieren und ein Märchenrätselbuch erstellen. Fertigt dazu dann noch ein passendes Deckblatt an.

Märchensteckbrief

Lege dir zu den Märchen, die du gelesen hast, Märchensteckbriefe an. Wenn du die Steckbriefe in einem Ordner abheftest, kannst du dir jederzeit ganz schnell in Erinnerung rufen, worum es in einem bestimmten Märchen geht.

Aufgaben

1. Fülle den Märchensteckbrief aus.
   Tipp: Arbeite zuerst mit Bleistift.

2. Zeichne zu dem Steckbrief ein Bild, an dem man gleich erkennt, um welches Märchen es sich handelt.

Steckbrief

Titel des Märchens: _____

Name der Hauptfigur/en: Eigenschaften der Hauptfigur/en:

_____   _____

_____   _____

Namen der anderen Figuren: Eigenschaften der anderen Figuren:

_____   _____

_____   _____

_____   _____

Der erste Satz des Märchens: _____

_____

Die Handlung in wenigen Worten: _____

_____

_____

_____

Der letzte Satz des Märchens: _____

_____

Zaubersprüche oder Reime: _____

_____

Pop-up-Märchen

"Pop-up" ist englisch und bedeutet "(plötzlich) auftauchen". Gemeint ist hier, dass beim Aufklappen einer Glückwunschkarte oder einer Buchseite plötzlich Figuren und Gegenstände zum Vorschein kommen.

Aufgaben

1. Übe zuerst, wie man eine Pop-up-Seite herstellt.
    a) Falte ein DIN-A4-Blatt in der Mitte.
    b) Schneide das gefaltete DIN-A4-Blatt wie in der Zeichnung vorgegeben ein.
    c) Klappe das DIN-A4-Blatt auf. Wenn du alles richtig gemacht hast, springen Balken nach vorne.
    d) Falte an den mit Pfeilen gekennzeichneten Stellen noch einmal nach, damit der Mechanismus besser funktioniert.

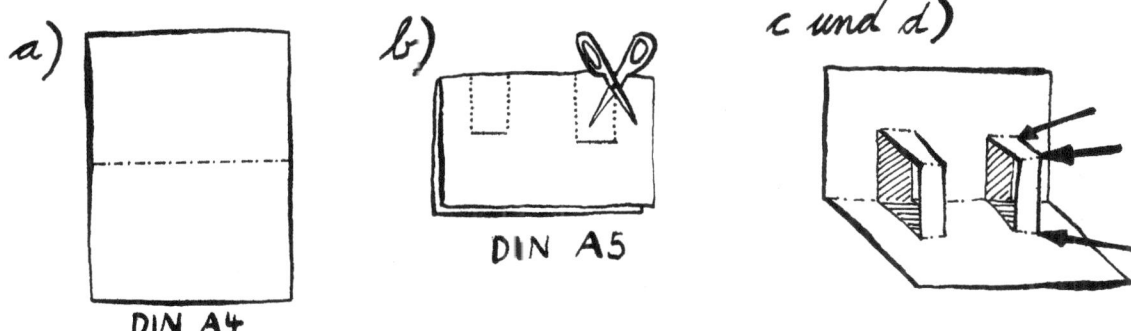

2. Probiere aus, wie weit du das Papier einschneiden darfst. Wenn du zu tief schneidest, stehen die Balken nämlich über den Rand des Papiers hinaus.
   Schreibe eine Regel dazu auf.

   _____

   _____

3. Fertige nun deine eigene Pop-up-Seite an.
    a) Zeichne typische Figuren und Gegenstände aus einem deiner Lieblingsmärchen.
    b) Schneide die einzelnen Bilder aus.
    c) Nimm nun ein dickes DIN-A4-Blatt und bereite mehrere Balken vor, auf die du die Märchenfiguren und -gegenstände kleben kannst.
    d) Gestalte einen passenden Hintergrund.

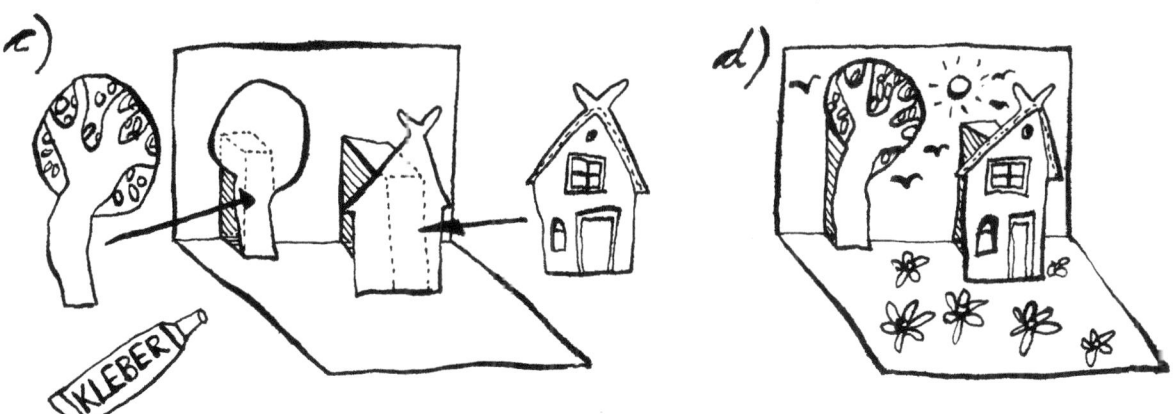

4. Schreibe eine Bastelanleitung für eine Pop-up-Karte.
   Gib dabei auch Tipps, worauf man besonders achten muss.

Tagebuch zu einem Märchen

Stell dir vor, die faule Tochter im Märchen „Frau Holle" hat Tagebuch geführt. Ihre Einträge für die vier Tage bei Frau Holle könnten so aussehen:

1. Tag:
Na ja, so schlimm war das ja nicht mit den großen Zähnen der Frau Holle. Frau Holle meinte: „Sei fleißig! Dann bekommst du auch deinen Lohn." Ich habe also alles getan, was Frau Holle von mir wünschte. Besondere Mühe habe ich mir mit dem Bettenmachen gegeben. Die Kissen habe ich so tüchtig aufgeschüttelt, dass die Federn nur so flogen. Als ich damit fertig war, habe ich Frau Holle eine warme Mahlzeit gekocht und noch vieles mehr. Wenn das meine Mutter gesehen hätte, wäre sie sicher stolz auf mich gewesen. Was meine Schwester kann, das schaffe ich schon lange.

2. Tag:
Heute habe ich eigentlich nicht mehr solche Lust gehabt, die vielen Arbeiten für Frau Holle zu erledigen. Warum soll ich das alles machen?
Ein wenig zu faulenzen hat mir richtig gutgetan. Wichtig ist nur, dass ich noch ein bisschen aushalte und zum Schluss einen Haufen Gold bekomme.

3. Tag:
Heute Morgen wollte ich gar nicht aufstehen. Frau Holle hat so lange mit mir geschimpft, bis ich schließlich doch an die Arbeit gegangen bin. Frau Holle meinte, ich hätte ihr das Bett schlecht gemacht und nicht genug geschüttelt. Die Federn seien auch nicht aufgeflogen. Nur gemeckert hat sie.
Soll sie ihr Bett doch selber machen!

4. Tag:
Frau Holle hat mir gekündigt. Ich soll aufhören. Das kann mir nur recht sein. Sie will mich morgen zum Tor führen. Da wird bestimmt der Goldregen kommen. Ich bin schon gespannt und freue mich riesig auf den großen Berg Gold. Ob ich das alles nach Hause tragen kann? Ich werde reich sein, unglaublich reich!

Aufgabe

1. Suche dir eine Märchenfigur aus und versetze dich in ihre Situation. Schreibe dann aus Sicht der Märchenfigur mehrere Tagebucheinträge, in denen die Figur erzählt, was sie erlebt und was sie dabei fühlt und denkt.

Hans Christian Andersen

Hans-Christian-Andersen-Denkmal

Die bekanntesten Kunstmärchen, beinahe in aller Welt, sind die des Dänen Hans Christian Andersen (1805–1875). Sie sind fast ebenso verbreitet wie die Grimmschen Volksmärchen. Dabei lässt ihr hoher Bekanntheitsgrad oft vergessen, dass hier ein ganz bestimmter Autor am Werk war. „Die wilden Schwäne" oder „Der fliegende Koffer", „Die Prinzessin auf der Erbse" oder „Die kleine Seejungfrau" werden tatsächlich von vielen Leuten für Volksmärchen von unbekannter Herkunft gehalten.

Andersens Märchen sind in mehr als dreißig Sprachen übersetzt. Dass sie in so vielen Ländern gleichermaßen gelesen und angenommen werden, ist schon erstaunlich; denn Andersen bezieht sich in seinen Texten durchaus auf sein eigenes Leben und auf die dänische Gesellschaft im 19. Jahrhundert. Sicher verwendet Andersen einige Kunstgriffe, die beim Publikum sehr gut ankommen: Er durchsetzt den oft grauen Alltag mit Wundern, er mischt Humor und Rührseligkeit und er gewinnt den gewöhnlichen Dingen des Lebens einen gewissen Zauber ab. All das tun allerdings auch andere Autoren des 19. Jahrhunderts, ohne damit einen vergleichbaren Erfolg zu erzielen. Woher stammt also diese einmalige Anziehungskraft von Andersens Märchen? Ein möglicher Grund liegt in der Erzählweise. Ein Zeitgenosse Andersens gibt den folgenden wichtigen Hinweis:

„In mehreren der Kreise, in denen er täglich verkehrte, fanden sich Kinder, mit denen er sich abgab; er erzählte ihnen Geschichten, die er teils im Augenblick selbst machte, teils aus bekannten Märchen holte; aber ob er nun seine eigenen erzählte oder nur nacherzählte, so war seine Erzählweise so ausschließlich seine eigene und so lebendig, dass sie die Kinder entzückte. Ihm selbst machte es Spaß, seiner Laune freien Spielraum zu geben, die Rede floss unaufhaltsam dahin, reichlich ausgestattet mit den den Kindern bekannten Redensarten und mit Gebärden, die dazu passten. Selbst dem trockensten Satz gab er Leben: Er sagte nicht, „die Kinder kamen auf den Wagen und dann fuhren sie", sondern, „so kamen sie auf den Wagen, lebe wohl Vater, lebe wohl Mutter, die Peitsche knallte klitsch, klatsch, und weg fuhren sie, heī wīllst du wohl gehen".

Aufgabe

1. Worum geht es in diesem Text? Gib dem Text eine passende Überschrift. Schreibe auf die Linie.

Fortsetzung von Seite 47   **Hans Christian Andersen**

Aufgaben

2. Ergänze die biografischen Angaben mit Hilfe des Textes (Seite 47).

Hans Christian Andersen

Staatszugehörigkeit: _____   **Geburtsort:** *Odense*   **Geburtsjahr:** _____

Leben:
Die Eltern, ein Schuhmacher und eine Wäscherin, sind arm, den Schulbesuch ihres Sohnes können sie sich nicht leisten.
1819 versucht sich Andersen in Kopenhagen vergeblich als Schauspieler und Sänger; Konferenzrat Jonas Collin nimmt ihn in sein Haus auf; ein Begabtenstipendium ermöglicht den Besuch der Schule.
1835 veröffentlicht er die ersten Märchen, die sich schon zu seinen Lebzeiten hervorragend verkaufen;
Andersen bleibt nach einer unglücklichen Liebe ledig; er unternimmt zahlreiche Reisen.

Berühmte Märchen (hier kannst du auch weitere Märchen, die du kennst, ergänzen):

_____

_____

Todesjahr: _____

---

3. Im Text wird ein wichtiger Unterschied zwischen Volks- und Kunstmärchen deutlich. Notiere diesen Unterschied.

_____

_____

4. Erkläre mit eigenen Worten, was Andersen mit seiner Erzählweise erreichen will.

_____

_____

_____

5. Hier findest du drei „trockene" Sätze. Formuliere die Sätze im Stil von Hans Christian Andersen. Du kannst dabei auch mehrere Sätze bilden.
Tipp: Wie Hans Christian Andersen formuliert, kannst du im Text auf Seite 47 noch einmal nachlesen.

Die Schule ist aus und die Schüler verlassen das Schulgebäude.
Auf der Straße fuhren zahlreiche Autos, die sich gegenseitig behinderten.
Zwei Männer schließen eine Wette ab.

Die Prinzessin auf der Erbse

Es war einmal ein Prinz, der wollte eine Prinzessin heiraten. Aber das sollte eine wirkliche Prinzessin sein. Und so reiste er in der ganzen Welt herum, um eine wirkliche zu finden, aber das war viel, viel schwerer, als er es sich gedacht hatte.

Prinzessinnen gab es genug, aber ob es wirkliche Prinzessinnen waren, konnte er nicht recht herausfinden. Immer war da etwas, was nicht ganz richtig war. So kam er denn wieder heim und war sehr betrübt, denn er wollte so gern eine wirkliche Prinzessin haben.

Eines Abends gab es ein schreckliches Unwetter; es blitzte und donnerte, und der Regen strömte herab, und es war ganz entsetzlich! Da klopfte es an das Stadttor, und der alte König ging selbst hin, um aufzumachen.

Draußen vor dem Tor stand eine Prinzessin. Aber, mein Gott, wie sah sie aus! Das Wasser rann ihr von den Haaren und Kleidern, lief vorne in die Schuhe hinein und hinten bei den Absätzen wieder heraus; das Unwetter hatte ihr böse mitgespielt. Und obwohl es kaum glaublich schien, sagte sie, dass sie eine wirkliche Prinzessin sei.

„Ja, das werden wir schon erfahren!', dachte die alte Königin. Aber sie sagte nichts, ging in das Schlafzimmer, nahm alle Polster und Matratzen von dem Bett und legte eine Erbse, nicht mehr und nicht weniger als eine einzige runde Erbse auf den Boden des Bettes; darauf bettete sie dann zwanzig Matratzen und darüber noch zwanzig Eiderdaunendecken[1]. Da sollte nun die Prinzessin in der Nacht liegen. Am Morgen fragte man sie, wie sie geschlafen habe.

„Ach, ganz entsetzlich schlecht!", sagte die Prinzessin. „Ich habe fast kein Auge zugetan. Es muss etwas in meinem Bett gewesen sein, weiß Gott, was das war! Ich bin ganz blau, so hart bin ich gelegen! Es ist ganz entsetzlich!"

Da konnten sie sehen, dass es eine wirkliche Prinzessin war, weil sie durch die zwanzig Matratzen und die zwanzig Eiderdaunendecken die einzige kleine runde Erbse gespürt hatte.

So empfindlich konnte nur eine wirkliche Prinzessin sein!

Da nahm der Prinz sie zur Frau, denn nun wusste er, dass er eine wirkliche Prinzessin hatte, und die Erbse kam ins Stadtmuseum, wo sie noch zu sehen ist, falls niemand sie mitgenommen hat. Sieh, das war eine wahre Geschichte!

Hans Christian Andersen

1 Eiderdaunen: Federn von der Eidergans

Aufgaben

1. Wie hat der Prinz herausgefunden, dass die Prinzessin eine „wirkliche" Prinzessin ist? Erkläre mit eigenen Worten.

2. Stell dir vor, die Prinzessin hätte auf einer harten Holzbank übernachten müssen. Warum hätte diese Veränderung das ganze Märchen zerstört? Begründe.

3. Die Märchen der Brüder Grimm enden oft mit den Worten: „Und wenn sie nicht gestorben sind, dann leben sie noch heute." Andersens Märchen dagegen endet: „… und die Erbse kam ins Stadtmuseum, wo sie noch zu sehen ist, falls niemand sie mitgenommen hat. Sieh, das war eine wahre Geschichte!"
Beschreibe den Unterschied zwischen den beiden Märchenenden.

Der Tannenbaum

Draußen im Walde stand ein niedlicher, kleiner Tannenbaum; er hatte einen guten Platz, Sonne konnte er bekommen, Luft war genug da, und ringsumher wuchsen viel größere Kameraden, sowohl Tannen als Fichten. Aber dem kleinen Tannenbaum schien nichts so wichtig wie das Wachsen; er achtete nicht der warmen Sonne und der frischen Luft, er kümmerte sich nicht um die Bauernkinder, die da gingen und plauderten, wenn sie herausgekommen waren, um Erdbeeren und Himbeeren zu sammeln. Oft kamen sie mit einem ganzen Topf voll oder hatten Erdbeeren auf einen Strohhalm gezogen, dann setzten sie sich neben den kleinen Tannenbaum und sagten: „Wie niedlich klein ist der!" Das mochte der Baum gar nicht hören.

Im folgenden Jahre war er ein langes Glied größer und das Jahr darauf war er um noch eins länger, denn bei den Tannenbäumen kann man immer an den vielen Gliedern, die sie haben, sehen, wie viele Jahre sie gewachsen sind.

„Oh, wäre ich doch so ein großer Baum wie die andern!", seufzte das kleine Bäumchen. „Dann könnte ich meine Zweige so weit umher ausbreiten und mit der Krone in die Welt hinausblicken! Die Vögel würden dann Nester zwischen meinen Zweigen bauen, und wenn der Wind weht, könnte ich so vornehm nicken, gerade wie die andern dort!"

Er hatte gar keine Freude am Sonnenschein, an den Vögeln und den roten Wolken, die morgens und abends über ihn hinsegelten.

War es nun Winter und der Schnee lag ringsumher funkelnd weiß, so kam häufig ein Hase angesprungen und setzte gerade über den kleinen Baum weg. Oh, das war ärgerlich! Aber zwei Winter vergingen und im dritten war das Bäumchen so groß, dass der Hase um es herumlaufen musste. „Oh, wachsen, wachsen, groß und alt werden, das ist doch das einzige Schöne in dieser Welt!", dachte der Baum.

Im Herbst kamen immer Holzhauer und fällten einige der größten Bäume; das geschah jedes Jahr, und dem jungen Tannenbaum, der nun ganz gut gewachsen war, schauderte dabei; denn die großen, prächtigen Bäume fielen mit Knacken und Krachen zur Erde, die Zweige wurden abgehauen, die Bäume sahen ganz nackt, lang und schmal aus; sie waren fast nicht zu erkennen. Aber dann wurden sie auf Wagen gelegt, und Pferde zogen sie davon, aus dem Walde hinaus.

Wohin sollten sie? Was stand ihnen bevor?

Im Frühjahr, als die Schwalben und Störche kamen, fragte sie der Baum: „Wisst ihr nicht, wohin sie geführt wurden? Seid ihr ihnen begegnet?"

Die Schwalben wussten nichts, aber der Storch sah nachdenkend aus, nickte mit dem Kopfe und sagte: „Ja, ich glaube wohl; mir begegneten viele neue Schiffe, als ich aus Ägypten flog; auf den Schiffen waren prächtige Mastbäume; ich darf annehmen, dass sie es waren, sie hatten Tannengeruch; ich kann vielmals von ihnen grüßen, sie sind schön und stolz!"

„Oh, wäre ich doch auch groß genug, um über das Meer hinfahren zu können! Was ist das eigentlich, dieses Meer, und wie sieht es aus?"

„Ja, das ist viel zu weitläufig zu erklären!", sagte der Storch, und damit ging er.

„Freue dich deiner Jugend!", sagten die Sonnenstrahlen; „freue dich deines frischen Wachstums, des jungen Lebens, das in dir ist!"

Und der Wind küsste den Baum und der Tau weinte Tränen über ihn, aber das verstand der Tannenbaum nicht.

Wenn es gegen die Weihnachtszeit war, wurden ganz junge Bäume gefällt, Bäume, die oft nicht einmal so groß oder gleichen Alters mit diesem Tannenbaume waren, der weder Rast noch Ruhe hatte, sondern immer davonwollte; diese jungen Bäume, und es waren gerade die allerschönsten, behielten immer alle ihre Zweige; sie wurden auf Wagen gelegt und Pferde zogen sie zum Walde hinaus.

„Wohin sollen diese?", fragte der Tannenbaum. „Sie sind nicht größer als ich, einer ist sogar viel kleiner; weswegen behalten sie alle ihre Zweige? Wohin fahren sie?"

„Das wissen wir! Das wissen wir!", zwitscherten die Meisen. „Unten in der Stadt haben wir in die Fenster gesehen! Wir wissen, wohin sie fahren! Oh, sie gelangen zur größten Pracht und Herrlichkeit, die man sich denken kann! Wir haben in die Fenster gesehen und erblickt, dass sie mitten in der warmen Stube aufgepflanzt und mit den schönsten Sachen, vergoldeten Äpfeln, Honigkuchen, Spielzeug und vielen hundert Lichtern geschmückt werden."

Fortsetzung auf Seite 51

Fortsetzung von Seite 50

Der Tannenbaum

„Und dann?", fragte der Tannenbaum und bebte in allen Zweigen. „Und dann? Was geschieht dann?"
„Ja, mehr haben wir nicht gesehen! Das war unvergleichlich schön!"
„Ob ich wohl bestimmt bin, diesen strahlenden Weg zu betreten?", jubelte der Tannenbaum. Das ist noch besser, als über das Meer zu ziehen! Wie leide ich an Sehnsucht! Wäre es doch Weihnachten! Nun bin ich hoch und entfaltet wie die andern, die im vorigen Jahre davongeführt wurden! Oh, wäre ich erst auf dem Wagen, wäre ich doch in der warmen Stube mit all der Pracht und Herrlichkeit! Und dann? Ja, dann kommt noch etwas Besseres, noch Schöneres, warum würden sie mich sonst so schmücken? Es muss noch etwas Größeres, Herrlicheres kommen! Aber was? Oh, ich leide, ich sehne mich, ich weiß selbst nicht, wie mir ist!"

„Freue dich unser!", sagten die Luft und das Sonnenlicht; „freue dich deiner frischen Jugend im Freien!" Aber er freute sich durchaus nicht; er wuchs und wuchs, Winter und Sommer stand er grün; dunkelgrün stand er da, die Leute, die ihn sahen, sagten: „Das ist ein schöner Baum!", und zur Weihnachtszeit wurde er von allen zuerst gefällt. Die Axt hieb tief durch das Mark; der Baum fiel mit einem Seufzer zu Boden, er fühlte einen Schmerz, eine Ohnmacht, er konnte gar nicht an irgendein Glück denken, er war betrübt, von der Heimat scheiden zu müssen, von dem Flecke, auf dem er emporgeschossen war; er wusste ja, dass er die lieben, alten Kameraden, die kleinen Büsche und Blumen ringsumher nie mehr sehen werde, ja vielleicht nicht einmal die Vögel. Die Abreise hatte durchaus nichts Behagliches.

Der Baum kam erst wieder zu sich selbst, als er im Hofe mit andern Bäumen abgeladen wurde und einen Mann sagen hörte: „Dieser hier ist prächtig! Wir wollen nur den!"

Nun kamen zwei Diener im vollen Staat und trugen den Tannenbaum in einen großen, schönen Saal. Ringsherum an den Wänden hingen Bilder und bei dem großen Kachelofen standen große chinesische Vasen mit Löwen auf den Deckeln; da waren Wiegestühle, seidene Sofas, große Tische voll von Bilderbüchern und Spielzeug für hundertmal hundert Taler; wenigstens sagten das die Kinder. Der Tannenbaum wurde in ein großes, mit Sand gefülltes Fass gestellt, aber niemand konnte sehen, dass es ein Fass war, denn es wurde rundherum mit grünem Zeug behängt und stand auf einem großen, bunten Teppich. Oh, wie der Baum bebte! Was würde da wohl vorgehen? Sowohl die Diener als die Fräulein schmückten ihn. An einen Zweig hängten sie kleine, aus farbigem Papier ausgeschnittene Netze, und jedes Netz war mit Zuckerwerk gefüllt. Vergoldete Äpfel und Walnüsse hingen herab, als wären sie festgewachsen, und über hundert rote, blaue und weiße kleine Lichter wurden in den Zweigen festgesteckt. Puppen, die leibhaft wie die Menschen aussahen – der Baum hatte früher nie solche gesehen –, schwebten im Grünen, und noch oben in der Spitze wurde ein Stern von Flittergold befestigt. Das war prächtig, ganz außerordentlich prächtig!

„Heute Abend", sagten alle, „heute Abend wird er strahlen!", und sie waren außer sich vor Freude.

„Oh", dachte der Baum, „wäre es doch Abend! Würden nur die Lichter bald angezündet! Und was dann wohl geschieht? Ob da wohl Bäume aus dem Walde kommen, mich zu sehen? Ob die Meisen gegen die Fensterscheiben fliegen? Ob ich hier festwachse und Winter und Sommer geschmückt stehen werde?"

Ja, er wusste gut Bescheid; aber er hatte ordentlich Borkenschmerzen vor lauter Sehnsucht, und Borkenschmerzen sind für einen Baum ebenso schlimm wie Kopfschmerzen für uns andere.

Nun wurden die Lichter angezündet. Welcher Glanz, welche Pracht! Der Baum bebte in allen Zweigen dabei, sodass eins der Lichter das Grüne anbrannte; es sengte ordentlich.

„Gott bewahre uns!", schrien die Fräulein und löschten es hastig aus.

Nun durfte der Baum nicht einmal beben. Oh, das war ein Grauen! Ihm war bange, etwas von seinem Staate zu verlieren; er war ganz betäubt von all dem Glanze. Da gingen beide Flügeltüren auf und eine Menge Kinder stürzte herein, als wollten sie den ganzen Baum umwerfen, die älteren Leute kamen bedächtig nach; die Kleinen standen ganz stumm, aber nur einen Augenblick, dann jubelten sie wieder, dass es laut schallte; sie tanzten um den Baum herum, und ein Geschenk nach dem andern wurde abgepflückt und verteilt.

„Was machen sie?", dachte der Baum. „Was soll geschehen?" Die Lichter brannten gerade bis auf die Zweige herunter, und je nachdem sie niederbrannten, wurden sie ausgelöscht, und dann erhielten die Kinder die Erlaubnis, den Baum zu plündern. Sie stürzten auf ihn zu, dass es in allen Zweigen knackte; wäre er nicht mit der Spitze und mit dem Goldstern an der Decke festgemacht gewesen, so wäre er umgefallen. Die Kinder tanzten mit ihrem prächtigen Spielzeug herum, niemand sah nach dem Baume, ausgenommen das alte Kindermädchen, das zwischen die Zweige blickte; aber es geschah nur, um zu sehen, ob nicht noch eine Feige oder ein Apfel vergessen sei

„Eine Geschichte, eine Geschichte!", riefen die Kinder und zogen einen kleinen, dicken Mann gegen

Fortsetzung auf Seite 52

Fortsetzung von Seite 51

Der Tannenbaum

den Baum hin, und er setzte sich gerade unter ihn, „denn so sind wir im Grünen", sagte er, „und der Baum kann besonders Nutzen davon haben, zuzuhören! Aber ich erzähle nur eine Geschichte. Wollt ihr die von Ivede-Avede oder die von Klumpe-Dumpe hören, der die Treppen hinunterfiel und doch erhöht wurde und die Prinzessin bekam?"

„Ivede-Avede!", schrien einige, „Klumpe-Dumpe!", schrien andere. Das war ein Rufen! Nur der Tannenbaum schwieg ganz still und dachte: „Komme ich gar nicht mit, werde ich nichts dabei zu tun haben?" Er hatte ja geleistet, was er sollte.

Der Mann erzählte von Klumpe-Dumpe, der die Treppen hinunterfiel und doch erhöht wurde und die Prinzessin bekam. Und die Kinder klatschten in die Hände und riefen: „Erzähle, erzähle!" Sie wollten auch die Geschichte von Ivede-Avede hören, aber sie bekamen nur die von Klumpe-Dumpe. Der Tannenbaum stand ganz stumm und gedankenvoll, nie hatten die Vögel im Walde dergleichen erzählt. Klumpe-Dumpe fiel die Treppen hinunter und bekam doch die Prinzessin!

„Ja, ja, so geht es in der Welt zu!", dachte der Tannenbaum und glaubte, dass es wahr sei, weil ein so netter Mann es erzählt hatte. „Ja, ja! Vielleicht falle ich auch die Treppe hinunter und bekomme eine Prinzessin!" Und er freute sich, den nächsten Tag wieder mit Lichtern und Spielzeug, Gold und Früchten und dem Stern von Flittergold aufgeputzt zu werden. „Morgen werde ich nicht zittern!", dachte er, „ich will mich recht aller meiner Herrlichkeit freuen. Morgen werde ich wieder die Geschichte von Klumpe-Dumpe und vielleicht auch die von Ivede-Avede hören." Und der Baum stand die ganze Nacht still und gedankenvoll.

Am Morgen kamen die Diener und das Mädchen herein. „Nun beginnt der Staat aufs Neue!", dachte der Baum; aber sie schleppten ihn zum Zimmer hinaus, die Treppe hinauf, auf den Boden und stellten ihn in einen dunklen Winkel, wohin kein Tageslicht schien. „Was soll das bedeuten?", dachte der Baum. „Was soll ich hier wohl machen? Was mag ich hier wohl hören sollen?" Er lehnte sich gegen die Mauer

und dachte und dachte. Und er hatte Zeit genug, denn es vergingen Tage und Nächte; niemand kam herauf, und als endlich jemand kam, so geschah es, um einige große Kästen in den Winkel zu stellen; der Baum stand ganz versteckt, man musste glauben, dass er ganz vergessen war.

„Nun ist es Winter draußen!", dachte der Baum. „Die Erde ist hart und mit Schnee bedeckt, die Menschen können mich nicht pflanzen; deshalb soll ich wohl bis zum Frühjahr hier im Schutz stehen! Wie wohlbedacht ist das! Wie die Menschen doch so gut sind! Wäre es hier nur nicht so dunkel und schrecklich einsam! Nicht einmal ein kleiner Hase! Das war doch niedlich da draußen im Walde, wenn der Schnee lag und der Hase vorbeisprang, ja selbst als er über mich hinwegsprang; aber damals mochte ich es nicht leiden. Hier oben ist es doch schrecklich einsam!"

„Piep, piep!", sagte da eine kleine Maus und huschte hervor; und dann kam noch eine kleine. Sie beschnüffelten den Tannenbaum und dann schlüpften sie zwischen seine Zweige.

„Es ist eine gräuliche Kälte!", sagten die kleinen Mäuse. „Sonst ist hier gut sein; nicht wahr, du alter Tannenbaum?"

„Ich bin gar nicht alt!", sagte der Tannenbaum; „es gibt viele, die weit älter sind denn ich!"

„Woher kommst du?", fragten die Mäuse, „und was weißt du?" Sie waren gewaltig neugierig. „Erzähle uns doch von den schönsten Orten auf Erden! Bist du dort gewesen? Bist du in der Speisekammer gewesen, wo Käse auf den Brettern liegen und Schinken unter der Decke hängen, wo man auf Talglicht tanzt, mager hineingeht und fett herauskommt?"

„Das kenne ich nicht", sagte der Baum; „aber den Wald kenne ich, wo die Sonne scheint und die Vögel singen!" Und dann erzählte er alles aus seiner Jugend. Die kleinen Mäuse hatten früher nie dergleichen gehört, sie horchten auf und sagten: „Wie viel du gesehen hast! Wie glücklich du gewesen bist!"

„Ich?", sagte der Tannenbaum und dachte über das, was er selbst erzählte, nach. „Ja, es waren im Grunde ganz fröhliche Zeiten!" Aber dann erzählte er vom

Fortsetzung auf Seite 53

Der Tannenbaum

Weihnachtsabend, wo er mit Zuckerwerk und Lichtern geschmückt war.

„Oh", sagten die kleinen Mäuse, „wie glücklich du gewesen bist, du alter Tannenbaum!"

„Ich bin gar nicht alt!", sagte der Baum; „erst in diesem Winter bin ich aus dem Walde gekommen! Ich bin in meinem allerbesten Alter, ich bin nur so aufgeschossen."

„Wie schön du erzählst!", sagten die kleinen Mäuse, und in der nächsten Nacht kamen sie mit vier anderen kleinen Mäusen, die den Baum erzählen hören sollten, und je mehr er erzählte, desto deutlicher erinnerte er sich selbst an alles und dachte: „Es waren doch ganz fröhliche Zeiten! Aber sie können wiederkommen, können wiederkommen! Klumpe-Dumpe fiel die Treppe hinunter und bekam doch die Prinzessin; vielleicht kann ich auch eine Prinzessin bekommen." Und dann dachte der Tannenbaum an eine kleine, niedliche Birke, die draußen im Walde wuchs; das war für den Tannenbaum eine wirkliche, schöne Prinzessin.

„Wer ist Klumpe-Dumpe?", fragten die kleinen Mäuse. Da erzählte der Tannenbaum das ganze Märchen, er konnte sich jedes einzelnen Wortes entsinnen; die kleinen Mäuse sprangen aus reiner Freude bis an die Spitze des Baumes. In der folgenden Nacht kamen weit mehr Mäuse und am Sonntage sogar zwei Ratten, aber die meinten, die Geschichte sei nicht hübsch, und das betrübte die kleinen Mäuse, denn nun hielten sie auch weniger davon.

„Wissen Sie nur die eine Geschichte?", fragten die Ratten.

„Nur die eine", antwortete der Baum; „die hörte ich an meinem glücklichsten Abend, aber damals dachte ich nicht daran, wie glücklich ich war."

„Das ist eine höchst jämmerliche Geschichte! Kennen Sie keine von Speck und Talglicht? Keine Speisekammergeschichte?"

„Nein!", sagte der Baum. „Ja, dann danken wir dafür!", erwiderten die Ratten und gingen zu den Ihrigen zurück.

Die kleinen Mäuse blieben zuletzt auch weg, und da seufzte der Baum: „Es war doch ganz hübsch, als sie um mich herumsaßen, die beweglichen kleinen Mäuse, und zuhörten, wie ich erzählte! Nun ist auch das vorbei! Aber ich werde gerne daran denken, wenn ich wieder hervorgenommen werde."

Aber wann geschah das? Ja, es war eines Morgens, da kamen Leute und wirtschafteten auf dem Boden; die Kästen wurden weggesetzt, der Baum wurde hervorgezogen; sie warfen ihn freilich ziemlich hart gegen den Fußboden, aber ein Diener schleppte ihn gleich nach der Treppe hin, wo der Tag leuchtete.

„Nun beginnt das Leben wieder!", dachte der Baum; er fühlte die frische Luft, die ersten Sonnenstrahlen, und nun war er draußen im Hofe. Alles ging geschwind, der Baum vergaß völlig, sich selbst zu betrachten, da war so vieles ringsumher zu sehen. Der Hof stieß an einen Garten, und alles blühte darin; die Rosen hingen frisch und duftend über das kleine Gitter hinaus, die Lindenbäume blühten, und die Schwalben flogen umher und sagten: „Quirrevirrevit, mein Mann ist kommen!" Aber es war nicht der Tannenbaum, den sie meinten.

„Nun werde ich leben!", jubelte der und breitete seine Zweige weit aus; aber ach, die waren alle vertrocknet und gelb; und er lag da zwischen Unkraut und Nesseln. Der Stern von Goldpapier saß noch oben in der Spitze und glänzte im hellen Sonnenschein.

Im Hofe selbst spielten ein paar der munteren Kinder, die zur Weihnachtszeit den Baum umtanzt hatten und so froh über ihn gewesen waren. Eins der kleinsten lief hin und riss den Goldstern ab.

„Sieh, was da noch an dem hässlichen, alten Tannenbaum sitzt!", sagte es und trat auf die Zweige, sodass sie unter seinen Stiefeln knackten.

Der Baum sah auf all die Blumenpracht und Frische im Garten, er betrachtete sich selbst und wünschte, dass er in seinem dunklen Winkel auf dem Boden geblieben wäre; er gedachte seiner frischen Jugend im Walde, des lustigen Weihnachtsabends und der kleinen Mäuse, die so munter die Geschichte von Klumpe-Dumpe angehört hatten.

„Vorbei, vorbei!", sagte der arme Baum. „Hätte ich mich doch gefreut, als ich es noch konnte! Vorbei, vorbei!"

Der Diener kam und hieb den Baum in kleine Stücke, ein ganzes Bund lag da; hell flackerte es auf unter dem großen Braukessel. Der Baum seufzte tief, und jeder Seufzer war einem kleinen Schusse gleich; deshalb liefen die Kinder, die da spielten, herbei und setzten sich vor das Feuer, blickten hinein und riefen: „Piff, paff!" Aber bei jedem Knalle, der ein tiefer Seufzer war, dachte der Baum an einen Sommerabend im Walde oder an eine Winternacht draußen, wenn die Sterne funkelten; er dachte an den Weihnachtsabend und an Klumpe-Dumpe, das einzige Märchen, das er gehört hatte und zu erzählen wusste – und dann war der Baum verbrannt.

Die Knaben spielten im Garten und der kleinste hatte den Goldstern auf der Brust, den der Baum an seinem glücklichsten Abend getragen hatte. Nun war der vorbei, und mit dem Baum war es vorbei und mit der Geschichte auch; vorbei, vorbei.

Und so geht es mit allen Geschichten!

Hans Christian Andersen

Fortsetzung von Seite 53   **Der Tannenbaum**

Aufgaben

1. Unterteile das Märchen in Sinnabschnitte und gib jedem Sinnabschnitt eine Überschrift.

2. Zeichne mit Hilfe von Aufgabe 1 einige Stationen im Leben des Tannenbaums.
   Schreibe jeweils in eine Sprech- oder Denkblase, was der Tannenbaum denkt oder fühlt.

3. Welches Sprichwort passt deiner Meinung nach am besten zu diesem Märchen?
   Begründe deine Auswahl.

Und leben ist ja doch des Lebens höchstes Ziel.

Lebe jeden Tag, als wäre es dein letzter!

Der Sinn des Lebens besteht darin, glücklich zu sein.

Nutze den Tag!

Erwarte nichts. Heute: Das ist das Leben.

Der Mensch glaubt oft sein Leben selbst zu führen, während er in Wirklichkeit geführt wird.

Wer zu viel vom Leben erwartet, senkt seine Lebenserwartung.

4. Das Leben des Tannenbaums lässt sich auf das Leben eines Menschen übertragen.
   Schreibe dazu einen kleinen Text.

Die Galoschen des Glücks

I. Ein Anfang

In einem Hause in Kopenhagen, nicht weit vom Königs-Neumarkt, hatte man eine Gesellschaft, eine sehr große Gesellschaft versammelt, um von den Eingeladenen wieder Einladungen zu erhalten. Die eine Hälfte der Gesellschaft saß schon an den Spieltischen, die andere Hälfte erwartete das Resultat von dem „Was wollen wir denn nun anfangen?" der Wirtin. So weit war man, und die Unterhaltung fing an, einigermaßen in Gang zu kommen. Unter anderem fiel auch die Rede auf das Mittelalter; Einzelne hielten es für weit interessanter als unsere Zeit; ja, Justizrat Knap verteidigte diese Meinung so eifrig, dass die Frau vom Hause sogleich zu seiner Partei übertrat; und beide eiferten nun gegen Oersteds Abhandlung im Almanach über alte und neue Zeiten, worin unserm Zeitalter im Wesentlichen der Vorzug gegeben wird. Der Justizrat betrachtete die Zeit des Dänenkönigs Hans (gestorben 1513) als die edelste und glücklichste.

Während dies der Stoff der Unterhaltung war und dieselbe nur augenblicklich durch die Ankunft einer Zeitung unterbrochen wurde, welche nichts enthielt, was zu lesen der Mühe wert gewesen wäre, wollen wir uns in das Vorzimmer hinausbegeben, wo die Mäntel, Stöcke und Galoschen Platz gefunden hatten. Hier saßen zwei Mädchen, ein junges und ein altes; man konnte glauben, sie seien gekommen, um ihre weibliche Herrschaft nach Hause zu geleiten; betrachtete man sie aber etwas genauer, so begriff man bald, dass sie keine gewöhnlichen Dienstboten waren: Dazu waren die Formen gar zu edel, die Haut zu fein und der Schnitt der Kleider zu kühn. Es waren zwei Feen. Die Jüngste war zwar nicht das Glück selbst, aber ein Kammermädchen einer seiner Kammerfrauen, welche die geringeren Gaben des Glücks umhertragen. Die Ältere sah etwas finster aus; es war die Sorge; sie geht immer selbst, in höchsteigener

Person ihre Geschäfte besorgen; dann weiß sie, dass selbige gut ausgeführt werden.

Sie erzählten einander, wo sie an diesem Tage gewesen waren. Die Abgesandte des Glücks hatte nur einige unbedeutende Handlungen ausgeführt, wie einen neuen Hut vom Regenguss zu erretten, einem ehrlichen Mann einen Gruß von einer vornehmen Null zu verschaffen usw.; aber was ihr noch übrig blieb, war etwas ganz Ungewöhnliches.

„Ich kann auch erzählen", sagte sie, „dass heute mein Geburtstag ist, und zur Ehre desselben sind mir ein paar Galoschen anvertraut, die ich der Menschheit bringen soll. Diese Galoschen haben die Eigenschaft, dass ein Jeder, der sie anzieht, augenblicklich an die Stelle und die Zeit versetzt wird, wo er am liebsten sein will; ein jeder Wunsch in Bezug auf Zeit, Ort oder Existenz wird folglich erfüllt, und der Mensch so endlich einmal glücklich hienieden!"

„Ja, das magst du glauben!", sagte die Sorge. „Er wird sehr unglücklich und segnet den Augenblick, wo er die Galoschen wieder los wird!"

„Wo denkst du hin?", sagte die andere. „Nun stelle ich sie an die Türe; einer vergreift sich und wird der Glückliche!"

Sieh, das war das Gespräch.

Hans Christian Andersen

Aufgaben

1. Wozu verhelfen die Galoschen des Glücks? Notiere.

2. Die Sorge glaubt nicht an die positive Wirkung der Galoschen. Warum?
   Schreibe deine Vermutung auf.

3. Teil II des Märchens trägt den Titel „Wie es dem Justizrat erging".
   Schreibe diesen zweiten Teil.

4. Wenn es solche Galoschen wirklich gäbe, an welchen Ort und in welche Zeit würdest du dich wünschen?
   Notiere deinen Wunsch und begründe ihn.

Zu einem Märchenbild erzählen

Aufgaben

1. Schau dir das folgende Bild zu einem Märchen von Hans Christian Andersen genau an.

2. Lies dir den Fragenkatalog zu dem Bild durch.
   Denke über die Fragen nach und notiere in Stichworten mögliche Antworten.

   Fragenkatalog

   Was könnte vor der dargestellten Situation geschehen sein?
   Wie könnte das Mädchen heißen?
   Wohin sieht das Mädchen?
   Welchen Wunsch könnte das Mädchen haben?
   Was denkt das Mädchen?
   Welche Vögel siehst du im Flug?
   Könnten die Vögel verwandelt worden sein?
   Was könnte nach der dargestellten Situation passieren?
   Fällt dir ein passender Märchenspruch ein?
   Könnten die Vögel zum Schluss erlöst werden?

3. Schreibe mit Hilfe deiner Stichwortsammlung aus Aufgabe 2 dein eigenes Märchen.

Die Bremer Stadtmusikanten (B-Mannschaft)

B-Mannschaft

Die Bremer Stadtmusikanten bei den Brüdern Grimm – eine Zusammenfassung

Die Bremer Stadtmusikanten sind vier alt gewordene Tiere: der Esel eines Müllers, der nicht mehr tragen kann, ein Jagdhund, der nicht mehr schnell genug ist, eine Katze, die keine Mäuse mehr fängt, und ein Hahn, der in den Suppentopf soll. Unter dem Motto, „Etwas Besseres als den Tod werden wir überall finden", reißen die Tiere aus und beschließen, nach Bremen zu wandern, um Stadtmusikanten zu werden. In der Dunkelheit stoßen sie auf eine Räuberhütte, und da die Tiere Hunger haben und eine sichere Herberge für die Nacht brauchen, versuchen sie, die Räuber zu vertreiben. Der Hund steigt auf den Rücken des Esels, die Katze auf die Schultern des Hundes und der Hahn setzt sich auf den Buckel der Katze. Auf Kommando schreien sie so laut, dass die Räuber Hals über Kopf in den Wald hinaus flüchten und die Tiere die Hütte in Besitz nehmen können. Da ihnen ihr neues Heim sehr gut gefällt, beschließen sie, für immer dazubleiben.

Aufgaben

1. Lies die Zusammenfassung des Märchens.

2. Schreibe ein Märchen zu dem Bild „B-Mannschaft".
   Gehe so vor:
   - Notiere Stichworte zu den folgenden Fragen:
     Welche Eigenschaften haben die Tiere der B-Mannschaft?
     Warum kommen die Tiere zusammen?
     Welches Abenteuer könnten die Tiere erleben?
     Wie soll das Märchen ausgehen?
   - Schreibe das Märchen.
   - Überarbeite deinen Text.

Janosch erzählt Grimms Märchen – Die Bremer Stadtmusikanten

Ein Esel hatte fünfunddreißig Jahre bei einem Herrn in Bremen gearbeitet, hatte ohne Murren alles getragen, aber nie Lohn bekommen, nur etwas Gras zum Fressen. Und dann war er alt geworden. Bei schweren Lasten knickten ihm jetzt die Knie ein oder er fiel hin.

Der Herr überlegte sich, ob er ihn schlachten lassen sollte, aber das kostete dreißig Mark, und die wollte er sparen. Also jagte er ihn davon. Da stand nun der arme alte Esel in seinem verschlissenen Anzug allein in Bremen. Hatte keinen Freund – woher auch? Er hatte immer nur gearbeitet. Hatte keine Verwandten – denn er war in Neapel, in Italien, geboren, weit weg von Bremen. Hatte nichts zu essen, hatte nichts, wo er schlafen konnte.

Da ging er auf den Bahnhof, wo die Italiener, die Gastarbeiter, immer stehen, weil sie Heimweh haben.

„Italiener sind Italiener, und ich bin auch Italiener", dachte der Esel. „Dort bin ich nicht so allein."

Aber die Menschen hackten, boxten und prügelten ihn nur, jagten ihn weg vom Bahnhof.

Da ging der Esel in eine Grünanlage und wollte etwas schlafen. Doch auch hier verjagte ihn einer, denn das Herumliegen in Anlagen war nicht einmal den Menschen erlaubt. Nirgends konnte er sich hinlegen, an keine Mauer den Kopf lehnen. Er musste die ganze Nacht gehen, stehen bleiben, wieder gehen, dann wurde es Tag.

Der Esel ging zum Arbeitsamt, fragte dort nach einer Arbeit, egal was, ohne Lohn, nur gegen etwas Gras zum Fressen und Stroh zum Liegen. „Ausländer!", sagte der Beamte. „Ja, ja. Aber das geht nicht. Keine Genehmigung, keine Arbeitsüberweisung, keinen festen Wohnsitz und außerdem zu alt. Verstehen Sie, für Ihr Alter liegen keine Anfragen vor, tut mir leid, ehrlich!"

Es tat ihm gar nicht leid. Das war nur so dahergequasselt. Die Leute reden Sätze, ohne zu überlegen, was diese bedeuten.

Draußen auf der Straße traf der Esel einen Hund, struppig und ohne Lust zu leben.

„Kamerad, wie siehst du aus", sagte der Esel, „lässt den Schwanz und die Ohren hängen, machst einen krummen Buckel, hast kein Halsband, trägst keine Hundemarke. Pass auf, wenn sie dich erwischen, schlagen sie dich tot."

„Das wäre mir genau recht", sagte der Hund, „denn ich will nicht mehr leben. Ich habe zwanzig Hundejahre beim Bauern Achtermann gewohnt, wir waren gut befreundet. Jetzt ist er tot. Da bin ich abgehauen. Will nicht mehr leben."

„Aber ich habe doch Hunde gesehen", sagte der Esel, „die trugen Pelzmäntel, Lodenmäntel und Kleider,

Fortsetzung auf Seite 59

Fortsetzung von Seite 58 **Janosch erzählt Grimms Märchen – Die Bremer Stadtmusikanten**

damit sie nicht frieren. Die durften in der Straßenbahn einen eigenen Platz besetzen. Die rochen nach französischem Parfüm, waren frisiert wie Filmschauspielerinnen. Kamerad, das kannst du doch auch haben."

„Ach, das sind keine Hunde, das sind Viecherln, Laternenpinscher, Sofakissenbesudler, Pudel, da würde es mich grausen vor so was als richtiger Hund. Und ohne meinen Freund Achtermann will ich nicht mehr leben."

„Ach was, Kamerad, komm mit, sind wir zwei, sind wir mehr als einer."

Dann trafen sie eine Katze. Ungewaschen, ungekämmt, sah sie aus wie ein dreißigjähriger Handfeger nach dem Regen.

„Dir geht's aber auch nicht gut, Kameradin", sagte der Esel. „Wenn sie dich hier erwischen, ungewaschen, ungekämmt, schlagen sie dich tot."

„Das stimmt", sagte die Katze. „Unsereinen schlagen sie andauernd tot. Mir haben sie sechs kleine Katzen ersäuft. Am schlimmsten sind die Kinder der Menschen! Eine Freundin von mir haben sie zu Tode gequält, haben ihr Blechbüchsen an den Schwanz gebunden und sie zu Tode gehetzt. Das war schlimm, Kameraden, das war so schlimm! Sie hat aus dem Mund geblutet."

Der Esel nahm sie auf die Schulter und trug sie ein Stück.

Als sie an den Stadtrand kamen, trafen sie einen Hahn, der war schon halb gerupft und sehr geschunden.

„Sie wollten mich schlachten", sagte der Hahn. „Mir wäre es schon recht gewesen, denn auf der Welt ist es sowieso nicht mehr schön. Es gibt kaum noch freie Hennen. Sie werden in Hühnerhäuser eingesperrt, vierzehntausend zusammen, jede für sich in einer kleinen Kiste. Keine kommt dort bei Lebzeiten wieder heraus. Und niemals dürfen sie die Sonne sehen, kriegen zweimal am Tag dreißig Gramm künstliches Futter, und sobald eine Henne siebenhundertfünfzig Gramm wiegt, wird sie elektrisch geschlachtet. Nie in ihrem Leben lernen sie einen Hahn kennen! Geschlachtet, eingefroren, für drei Mark[1] fünfzig im Supermarkt verkauft, gegrillt und gegessen. Da lob ich mir doch den freien Tod im Kampf mit dem Fuchs. Die Welt ist eine Hölle geworden."

„Komm, setz dich auf mich", sagte der Esel. „Ich trag dich ein Stück. Zu viert sind wir mehr als drei."

Sie hatten so einen Hunger. Und in den Nächten war es so kalt. Aber wo sie auch hinkamen und etwas Futter suchten, wurden sie weggejagt, und man warf mit Knüppeln hinter ihnen her.

Höchstens den Hahn versuchten die Leute mit Körnern anzulocken – weil sie ihn verspeisen wollten.

Eine gute Frau sagte, sie sollten doch ins Tierasyl gehen. Sie habe vorige Woche fünf Mark für den Tierschutzverein gespendet.

Im Tierasyl waren die Leute freundlich, aber ein Mann sagte: „Wir lieben Tiere sehr, aber wir haben kein Personal, das die Tiere füttert und betreut."

Ein Vogel, der entwischt war, erzählte, dass seine Kameraden dort mit Chloroform eingeschläfert wurden, weil keiner Zeit hatte, sie zu füttern. Eingeschläfert ist auch ein Lügenwort, denn eingeschläfert heißt – getötet.

Die vier gingen weiter, und als sie nicht mehr konnten vor Hunger und Kälte, gingen sie in einen Hof. Legten sich, so gut es ging, zusammen. Der Hahn wärmte die Katze, die Katze wärmte den Hund, der Hund wärmte den Esel, und weil es ihre letzte Stunde war, fingen sie leise an zu heulen – vor Hunger, Durst und Kälte.

In dem Haus aber, zu dem der Hof gehörte, war das Büro einer Schallplattenfirma: ein Tonstudio, die technische Abteilung, die Aufnahmeleitung und die Werbung oben im dritten Stock.

Kaum hörte Herr Jansen, Arrangeur in der zweiten Abteilung, das leise Wimmern und Miauen und das Hundeheulen, da hob er die rechte Hand vor den Schnurrbart und bekam Falten auf der Stirn.

„Swoboda, kommen Sie mal her! Leise, Mensch! Merken Se wat? Ne? Mann, haben Sie keine Ohren?! Das wird der Hit. Sie, ich werd verrückt! Das wird ein Heuler, eine Rakete, Sputnik Nummer eins, Mann! Hörn Sie mal hin, Swoboda! Stellen Sie sich vor: den Hahn mit dreifachem Verstärker ganz nach vorn, die Katze im Stereo von links und den Esel ... Rufen Sie sofort den Hanselmann an, und er soll an Saft[2] mitbringen, was er hat. Sie, das wird eine Kanone. Mensch! Das war noch nie da! Das schmeißen wir als neue Gruppe auf den Markt. Und der Klüterbaum soll leise runtergehen und die Tür gut verrammeln, damit die Viecher nicht stiften gehn."

„Hallo, Jansen, der Schmidt-Dinkelsbühl ist an der Strippe, wegen Udo Jürgens!"

„Soll mich mal! Sagen Sie, ich bin in einer Besprechung. Rufen Sie oben die Werbung an, geben Sie mir den Linke! – Ist da? Sie, Linke, schaun Sie mal auf

---

1 Mark: 1 Mark = 0,50 Euro
2 Saft: Strom

Fortsetzung von Seite 59 **Janosch erzählt Grimms Märchen – Die Bremer Stadtmusikanten**

Grund! Nein, in den Hof natürlich. Na, was sagen Sie jetzt? Also, passen Sie auf! Wir nehmen das mit allen Konserven auf, die an Bord sind, und morgen legt der Zacharias eine zarte Geige unter das Gejaule. Sie, das wird ein Brummer, wie die ganze Bande ihn seit Jahren nicht mehr gebracht hat. Ja, ja, kommt als neue Gruppe raus! Duftes Cover[3] mit ein paar Gammlern halbnackt vorne druff, und das Ganze als ‚indisch‘, oder wie der Käse heißt! Was meinen Sie? – Nein. Wir müssen in die Werbung hundertzwanzig bis hundertfünfzig Mille[4] fummeln. Sie wissen doch, von nichts kommt nichts. Sie machen dat schon! Kalkulieren Sie die Sache mal durch und geben Sie mir die Zahlen runter, aber sofort. Ende." In den nächsten zwanzig Minuten kamen Tonmeister, Assistenten, Elektriker und Kofferträger. Sie schleppten Verstärker, Koffer, Mikrofone, schlossen den Hahn an den dreifachen Verstärker, hielten dem Esel, der Katze und dem Hund große Mikrofone vor die Köpfe. Tonmeister drehten an Messinstrumenten.

Als Fräulein Bertram den Esel mit einem Rest von einem Apfel füttern wollte und sagte: „Er ist doch so putzig", zischte Herr Jansen sie an: „Wollen Sie das vielleicht unterlassen, Fräulein Bertram! Wenn die Viecher satt sind, hörn sie auf zu heulen. Das kost' mich drei Millionen, Sie!"

„Verflucht noch mal, seid doch leiser, macht mir die Tiere nicht scheu, ihr Idioten!"

„Bring mal einer etwas Wasser, damit sie nicht so schnell aussteigen[5]", vielleicht langt das für drei LPs[6]. Ein leises Harmonium, von hinten unterlegt, stell ich mir auch klasse vor."

„Das wird eine Kiste, Genossen, dagegen sind die Shadows[7] Bienendreck."

„Herr Jansen, Linke ist an der Strippe!"

„Ja! Jansen! Was sagen Sie? Einen Namen? Na, dann nehmen wir was ganz Duftes! ‚Bremer Stadtmusikanten'. Was, verschimmelter Käse? Na, Sie, da gucken Sie sich mal um, Mann! – Na, meinetwegen das Ganze in Englisch: ‚Bremer townfiddlers'. Ja, nicht schlecht. Da lassen wir doch ‚Bremer' gleich weg! Sie, Linke, das find ich ganz brummig, townfiddlers! Ja, genau das! – Junge, Junge. Ich bestelle sofort den Zacharias, in drei Stunden haben wir die ersten Proben, und dann legen Sie sich sofort in die Riemen! Ende."

Um neun hatten sie die Musik für etwa drei Langspielplatten, da starb der Esel. Dann der Hund.

„Bringen Sie den Hahn schnell dem Hausmeister, er soll sich den in die Pfanne kippen, eh er krepiert!"

Zuletzt starb die Katze.

Drei Langspielplatten haben sie daraus gemacht, zweimal mit dem Zacharias und seiner zarten Geige unterlegt, einmal mit Harmonium – die Zeitungen waren voll von den „townfiddlers" aus Bremen. Ein Jahr danach nahm Herr Jansen zwei goldene Schallplatten in Empfang und abends sah man ihn um 20 Uhr 15 im Fernsehen.

3 Cover: hier: schöne Schallplattenhülle
4 Mille: tausend
5 aussteigen: hier: sterben
6 LPs: Langspielplatten
7 Shadows: Musikgruppe

Fortsetzung auf Seite 61

Fortsetzung von Seite 60 **Janosch erzählt Grimms Märchen – Die Bremer Stadtmusikanten**

Aufgaben

1. Markiere im Text, was du über die einzelnen Tiere erfährst.
   Nimm für jedes Tier eine andere Farbe.

2. Schreibe auf, warum die Tiere weggegangen sind und worüber sie sich beschweren.

   Esel: _____

   _____

   _____

   Hund: _____

   _____

   _____

   Katze: _____

   _____

   _____

   Hahn: _____

   _____

   _____

3. Vergleiche Janoschs Märchen mit der Fassung der Brüder Grimm.
   a) Lies die Zusammenfassung des Märchens, wie es die Brüder Grimm geschrieben haben.

   Die Bremer Stadtmusikanten bei den Brüdern Grimm
   Die Bremer Stadtmusikanten sind vier alt gewordene Tiere: der Esel eines Müllers, der nicht mehr tragen kann, ein Jagdhund, der nicht mehr schnell genug ist, eine Katze, die keine Mäuse mehr fängt, und ein Hahn, der in den Suppentopf soll. Unter dem Motto, „Etwas Besseres als den Tod werden wir überall finden", reißen die Tiere aus und beschließen, nach Bremen zu wandern, um Stadtmusikanten zu werden. In der Dunkelheit stoßen sie auf eine Räuberhütte, und da die Tiere Hunger haben und eine sichere Herberge für die Nacht brauchen, versuchen sie, die Räuber zu vertreiben. Der Hund steigt auf den Rücken des Esels, die Katze auf die Schultern des Hundes und der Hahn setzt sich auf den Buckel der Katze. Auf Kommando schreien sie so laut, dass die Räuber Hals über Kopf in den Wald hinaus flüchten und die Tiere die Hütte in Besitz nehmen können. Da ihnen ihr neues Heim sehr gut gefällt, beschließen sie, für immer dazubleiben.

   b) Notiere, was in Janoschs Fassung gleich geblieben ist und was sich verändert hat.

4. Schreibe einen Zeitungsbericht über das traurige Ende der „townfiddlers".

5. Herr Jansen wird in einem Zeitungsinterview gefragt, wie er die „townfiddlers" entdeckt hat und wer die „townfiddlers" eigentlich waren. Schreibe dieses Interview.

Rotkäppchen in der Behörde – eine Parodie

Es gibt mittlerweile unzählige Fassungen des bekannten Grimm'schen Märchens vom Rotkäppchen. Hier findest du eine Fassung, die ganz in „Behördendeutsch" geschrieben ist.

Aufgaben

1. Lies den Text und übertrage ihn in deine eigene Sprache. Gehe so vor:
   - Markiere schwierige Formulierungen.
   - Kläre die Bedeutung der Formulierungen aus dem Zusammenhang oder mit Hilfe eines Wörterbuchs.
   - Übertrage den Text in deine eigene Sprache.

In unserer Stadtgemeinde ist eine hierorts wohnhafte noch unbeschulte Minderjährige aktenkundig, welche durch ihre unübliche Kopfbekleidung gewohnheitsrechtlich Rotkäppchen genannt zu werden pflegt.
Der Mutter besagter R. wurde seitens deren Mutter ein Schreiben zugestellt, in welchem dieselbe Mitteilung ihrer Krankheit und Pflegebedürftigkeit machte, worauf die Mutter der R. dieser die Auflage machte, der Großmutter eine Sendung von Nahrungs- und Genussmitteln zu Genesungszwecken zuzustellen. Vor ihrer Inmarschsetzung wurde die R. seitens ihrer Mutter schulisch über das Verbot betreffs Verlassen der Waldwege auf Kreisebene belehrt. Dieselbe machte sich infolge Nichtbeachtens dieser Vorschrift straffällig und begegnete beim Übertreten des diesbezüglichen Blumenpflückverbots einem polizeilich nicht gemeldeten Wolf ohne festen Wohnsitz. Dieser verlangte in unberechtigter Amtsanmaßung Einsichtnahme in das zu Transportzwecken von Konsumgütern dienende Korbbehältnis und traf in Tötungsabsicht die Feststellung, dass die R. zu ihrer verschwägerten und verwandten im Baumbestand angemieteten Großmutter eilends war.
Da wolfseits Verknappungen auf dem Ernährungssektor vorherrschend waren, fasste er den Beschluss, bei der Großmutter der R. unter Vorlage falscher Papiere vorsprachig zu werden. Weil dieselbe wegen Augenleidens krankgeschrieben war, gelang dem in Fressvorbereitung befindlichen Untier die diesfallsige Täuschungsabsicht, worauf es unter Verschlingen der Bettlägerigen einen strafbaren Mundraub zur Durchführung brachte.
Ferner täuschte das Tier bei der später eintreffenden R. seine Identität mit der Großmutter vor, stellte derselben nach und durch Zweitverschlingung der R. seinen Tötungsvorsatz erneut unter Beweis. Der sich auf dem Dienstgang befindliche Waldbeamte B. vernahm Schnarchgeräusche und stellte deren Urheberschaft seitens des Tiermauls fest. Er reichte bei seiner Dienststelle ein Tötungsgesuch ein, das dortseits zuschlägig beschieden und pro Schuss bezuschusst wurde. Nach Beschaffung einer Pulverschießvorrichtung zu Jagdzwecken gab er in wahrgenommener Einflussnahme auf das Raubwesen einen Schuss ab. Dieses wurde nach Empfangnahme des Geschosses ablebig. Die gespreizte Beinhaltung des Getöteten weckte in dem Schussgeber die Vermutung, wonach der Leichnam Personen beinhalte. Zwecks diesbezüglicher Feststellung öffnete er unter Zuhilfenahme eines Messers den Kadaver zur Einsichtnahme und stieß hierbei auf die noch lebhafte R. nebst Großmutter. Durch die unverhoffte Wiederbelebung bemächtigte sich beider Personen ein gesteigertes, amtlich zulässiges Lebensgefühl, dem sie durch großen Unfug, öffentliches Ärgernis erregenden Lärm und Nichtbeachtung anderer Polizeiverordnungen Ausdruck verliehen, was ihre Haftpflichtmachung zur Folge hatte.
Der Vorfall wurde von den Kulturschaffenden Gebrüder Grimm zu Protokoll genommen und bekinderten Familien in Märchenform zustellig gemacht.
Florian Diesch

2. Der Autor des Textes parodiert das „Behördendeutsch". Das heißt, er versucht, eine bestimmte Art zu formulieren durch Übertreibung ins Lächerliche zu ziehen.
Welche Eigenheiten des „Behördendeutsch" greift er besonders an? Notiere.

3. Schreibe eine eigene Rotkäppchen-Fassung. Hier ein paar Anregungen:
Rotkäppchen in der Zukunft; Rotkäppchen als Computerspiel; Rotkäppchen als Rap

Rotkäppchen im Pelz – ein Gedicht

Aufgaben

1. Lies das Gedicht und ergänze passende Reimwörter. Schreibe auf die Linien.

[1] Als Hunger einst den Wolf sehr quälte,
Weil's an 'ner deft'gen Mahlzeit _____,
Lief er geschwind zu Omas _____,
Klopft, und sie öffnet, und o Graus.

[ ] Rotkäppchen kam dann schließlich an.
Sie stockte, staunte, sagte _____:
„O Oma, hast du große Ohren!"
Der Wolf: „So geht kein Wort _____!"

[ ] Ach, diese Mahlzeit war recht _____,
Mich hungert's ja noch unsäglich.
Und in die Küche wütend rannt er,
Doch nicht einmal 'nen Knochen _____.

[ ] Die Worte waren kaum verklungen,
Da hat der Wolf sie schon _____,
Denn sie war klein und mager auch.
Dem Wolf dem knurrt noch sehr der _____.

[ ] Paar Wochen später dann im _____,
Traf ich die, die ihn abgeknallt,
Doch hätt ich sie fast nicht erkannt.
Kein Käppchen und kein rot _____!

[ ] Ich wart einfach aufs nächste Häppchen,
Denn aus dem Wald kommt bald _____.
So denkt er, schlüpft im Omas Kleider,
(Die waren ja noch übrig leider).

[ ] Da rief der Wolf: „Du dummes _____!
Als ob mein Pelz dich was anginge!
Die Zähne hast du ganz vergessen!
Na ja, ich werd dich dennoch _____!"

[ ] Sieht, wie er da die Zähne bleckt.
Du lieber Gott, ist die _____.
Der Wolf, der fragt „Darf ich herein?"
„Du willst mich fressen!", tut sie _____.

[ ] Verglichen mit der Omama
Schmeckt die bestimmt wie _____!
Rotkäppchen sagte dann noch schnell:
„Hast du 'nen dicken Pelz von _____!"

[ ] „O Oma, hast du große _____!"
„Damit sie dich zu sehen taugen!"
Der Wolf, der grinst dabei versteckt:
Wie die wohl nach der Omi _____!

[ ] Er legte Jacke an und Haube
Und selbst die Schuhe, wie ich _____.
Er kämmt sein Haar und brennt sich Locken,
Um dann in Omas Stuhl zu _____.

[ ] Die Kleine lächelt wie ein Röschen,
Zieht 'ne Pistole aus dem _____
Und schießt den Wolf, der ihr da droht,
Peng, peng, ganz _____.

[13] Sie rief: „Hallo, nun staun und sage,
Was für 'nen schönen Pelz ich _____!"

Florian Diesch

2. Die Strophen in diesem Gedicht sind durcheinandergeraten.
Nummeriere sie in der richtigen Reihenfolge. Die erste und die letzte Strophe sind bereits vorgegeben.

3. Vergleiche deine Ergebnisse aus den Aufgaben 1 und 2 mit dem Originalgedicht im Lösungsteil.

4. Trage das Gedicht vor. Markiere dazu Wörter, die du besonders betonen möchtest.

Ein Theaterstück schreiben

Von einem, der auszog, das Fürchten zu lernen

Ein Vater hatte zwei Söhne, davon war der älteste klug und gescheit und wusste sich in alles wohl zu schicken, der jüngste aber war dumm, konnte nichts begreifen und lernen. Und wenn ihn die Leute sahen, sprachen sie: „Mit dem wird der Vater noch seine Last haben!" Wenn nun etwas zu tun war, so musste es der Älteste allzeit ausrichten; hieß ihn aber der Vater noch spät oder gar in der Nacht etwas holen, und der Weg ging dabei über den Kirchhof oder sonst einen schaurigen Ort, so antwortete er wohl: „Ach nein, Vater, ich gehe nicht dahin, es gruselt mir!", denn er fürchtete sich. Der Jüngste saß in einer Ecke und hörte das mit an und konnte nicht begreifen, was es heißen sollte. „Immer sagen sie, es gruselt mir! Mir gruselt's nicht, das wird wohl eine Kunst sein, von der ich auch nichts verstehe." Nun geschah es, dass der Vater einmal zu ihm sprach: „Hör du, in der Ecke dort, du wirst groß und stark, du musst auch etwas lernen, womit du dein Brot verdienst. Siehst du, wie dein Bruder sich Mühe gibt, aber an dir ist Hopfen und Malz verloren." – „Ei, Vater", antwortete er, „ich will gerne was lernen; ja, wenn's anginge, so möchte ich lernen, dass mir's gruselte." Der Vater seufzte und antwortete ihm: „Das Gruseln, das sollst du schon lernen, aber dein Brot wirst du damit nicht verdienen."

Bald danach kam der Küster zu Besuch ins Haus, da klagte ihm der Vater seine Not und erzählte, wie sein jüngster Sohn in allen Dingen so schlecht beschlagen wäre, er wüsste nichts und lernte nichts. „Denkt Euch, als ich ihn fragte, womit er sein Brot verdienen wollte, hat er gar verlangt, das Gruseln zu lernen." – „Wenn's weiter nichts ist", antwortete der Küster, „das kann er bei mir lernen; tut ihn nur zu mir, ich will ihn schon abhobeln." Der Küster nahm ihn also ins Haus und er musste die Glocke läuten. Nach ein paar Tagen weckte er ihn um Mitternacht, hieß ihn aufstehen, in den Kirchturm steigen und läuten. ‚Du sollst schon lernen, was Gruseln ist', dachte er, ging heimlich voraus, und als der Junge oben war und sich umdrehte und das Glockenseil fassen wollte, so sah er auf der Treppe, dem Schallloch gegenüber eine weiße Gestalt stehen. „Wer da?", rief er, aber die Gestalt gab keine Antwort, regte und bewegte sich nicht. „Gib Antwort", rief der Junge, „oder mache, dass du fortkommst, du hast hier in der Nacht nichts zu schaffen." Der Küster aber blieb unbeweglich stehen, damit der Junge glauben sollte, es wäre ein Gespenst. Der Junge rief zum zweiten Mal: „Was willst du hier? Sprich, wenn du ein ehrlicher Kerl bist, oder ich werfe dich die Treppe hinab!" Der Küster dachte: ‚Das wird so schlimm nicht gemeint sein', gab keinen Laut von sich und stand, als wenn er von Stein wäre. Da rief ihn der Junge zum dritten Male an, und als das auch vergeblich war, nahm er einen Anlauf und stieß das Gespenst die Treppe hinab, dass es in einer Ecke liegen blieb. Darauf läutete er die Glocke, ging heim, legte sich ins Bett und schlief fort. Die Küsterfrau wartete lange Zeit auf ihren Mann, aber er wollte nicht wiederkommen. Da ward ihr endlich angst, sie weckte den Jungen und fragte: „Weißt du nicht, wo mein Mann geblieben ist? Er ist vor dir auf den Turm gestiegen." – „Nein", antwortete der Junge, „aber da hat einer dem Schallloch gegenüber auf der Treppe gestanden, und weil er keine Antwort geben und auch nicht weggehen wollte, so habe ich ihn für einen Spitzbuben gehalten und hinuntergestoßen. Geht nur hin, so werdet Ihr sehen, ob er's gewesen ist, es sollte mir leid tun." Die Frau sprang fort und fand ihren Mann, der in einer Ecke lag und ein Bein gebrochen hatte.

Sie trug ihn herab und eilte dann mit lautem Geschrei zu dem Vater des Jungen. „Euer Junge", rief sie, „hat ein großes Unglück angerichtet, meinen Mann hat er die Treppe hinabgeworfen, dass er ein Bein gebrochen hat, schafft den Taugenichts aus unserm Hause." „Ach", sprach der Vater, „mit dir erleb' ich nur Unglück, geh mir aus den Augen, ich will dich nicht mehr ansehen." – „Ja, Vater, recht gerne, wartet nur, bis Tag ist, da will ich ausgehen und das Gruseln lernen, so versteh' ich doch eine Kunst, die mich ernähren kann." – „Lerne, was du willst", sprach der Vater, „mir ist alles einerlei. Da hast du fünfzig Taler, damit geh in die weite Welt und sage keinem Menschen, wo du her bist und wer dein Vater ist; denn ich muss mich deiner schämen." – „Ja, Vater, wie Ihr's haben wollt, wenn Ihr nicht mehr verlangt, das kann ich leicht in Acht behalten."

Der Junge ging auch seines Weges und fing an, vor sich hin zu reden: „Ach, wenn mir's nur gruselte! Ach, wenn mir's nur gruselte!" Das hörte ein Fuhrmann, der hinter ihm herschritt, und fragte: „Wer bist du?" – „Ich weiß nicht", antwortete der Junge. Der Fuhrmann fragte weiter: „Wo bist du her?" – „Ich weiß nicht." – „Wer ist dein Vater?" – „Das darf ich nicht sagen." – „Was brummst du beständig in den Bart hinein?" – „Ei", antwortete der Junge, „ich wollte, dass mir's gruselte, aber niemand kann mich's lehren." – „Lass dein dummes Geschwätz", sprach der Fuhrmann, „komm, geh mit mir, ich will sehen, dass ich dich unterbringe." Der Junge ging mit dem Fuhrmann und abends gelangten sie zu einem Wirtshaus, wo sie übernachten wollten. Da sprach er beim Eintritt in die Stube wieder ganz laut: „Wenn mir's

Fortsetzung auf Seite 65

nur gruselte! Wenn mir's nur gruselte!" Der Wirt, der das hörte, lachte und sprach: „Wenn dich danach lüstet, dazu sollte hier wohl Gelegenheit sein." Der Junge aber sagte: „Wenn's noch so schwer wäre, ich will's einmal lernen." Er ließ dem Wirt auch keine Ruhe, bis dieser erzählte, nicht weit davon stünde ein verwünschtes Schloss, wo einer wohl lernen könnte, was Gruseln wäre, wenn er nur eine Nacht darin wachen wollte. Der König hätte dem, der's wagen wollte, seine Tochter zur Frau versprochen, und die wäre die schönste Jungfrau, welche die Sonne beschien. In dem Schlosse steckten auch große Schätze, von bösen Geistern bewacht, die würden dann frei und könnten einen Armen reich genug machen. Da ging der Junge am andern Morgen vor den König und sprach: „Wenn's erlaubt wäre, so wollte ich wohl eine Nacht in dem verwünschten Schlosse wachen." Der König sah ihn an, und weil er ihm gefiel, sprach er: „Du darfst dir noch dreierlei ausbitten, aber es müssen leblose Dinge sein, und die darfst du mit ins Schloss nehmen." Da antwortete er: „So bitt' ich um ein Feuer, eine Drehbank und eine Schnitzbank mit dem Messer."

Der König ließ ihm das alles bei Tage in das Schloss tragen. Als es Nacht werden wollte, ging der Junge hinauf, machte sich in einer Kammer ein helles Feuer an, stellte die Schnitzbank mit dem Messer daneben und setzte sich auf die Drehbank. „Ach, wenn mir's nur gruselte!", sprach er, „aber hier werde ich's auch nicht lernen." Gegen Mitternacht wollte er sich sein Feuer einmal aufschüren, wie er so hineinblies, da schrie's plötzlich aus einer Ecke: „Au, miau! Was uns friert!" – „Ihr Narren", rief er, „was schreit ihr? Wenn euch friert, kommt, setzt euch ans Feuer und wärmt euch." Und wie er das gesagt hatte, kamen zwei große schwarze Katzen in einem gewaltigen Sprunge herbei, setzten sich ihm zu beiden Seiten und sahen ihn mit ihren feurigen Augen ganz wild an. Über ein Weilchen, als sie sich gewärmt hatten, sprachen sie: „Kamerad, wollen wir Karten spielen?" – „Warum nicht?", antwortete er, „aber zeigt einmal eure Pfoten her!" Da streckten sie die Krallen aus. „Ei", sagte er, „was habt ihr lange Nägel! Wartet, die muss ich euch erst abschneiden." Damit packte er sie beim Kragen, hob sie auf die Schnitzbank und schraubte ihnen die Pfoten fest. „Euch habe ich auf die Finger gesehen", sprach er, „da vergeht mir die Lust zum Kartenspiel", und warf sie hinaus ins Wasser. Als er aber die zwei zur Ruhe gebracht hatte, da kamen aus allen Ecken und Enden schwarze Katzen und schwarze Hunde an glühenden Ketten, immer mehr und mehr, dass er sich nicht mehr bergen konnte. Die schrien gräulich, traten ihm auf sein Feuer, zerrten es auseinander und wollten es ausmachen. Das sah er ein Weilchen ruhig mit an, als es ihm aber zu arg ward, fasste er sein Schnitzmesser und rief: „Fort mit dir, du Gesindel!", und haute auf sie los. Ein Teil sprang weg, die andern schlug er tot und warf sie hinaus in den Teich. Als er wiedergekommen war, blies er aus den Funken sein Feuer frisch an und wärmte sich. Und als er so saß, wollten ihm die Augen nicht länger offen bleiben, und er bekam Lust zu schlafen. Da blickte er um sich und sah in der Ecke ein großes Bett. „Das ist mir eben recht", sprach er und legte sich hinein. Als er aber die Augen zutun wollte, so fing das Bett von selbst an zu fahren und fuhr im ganzen Schloss herum. „Recht so", sprach er, „nur besser zu." Da rollte das Bett fort, als wären sechs Pferde vorgespannt, über Schwellen und Treppen auf und ab. Auf einmal, hopp, hopp, fiel es um, das Unterste zu oberst, dass es wie ein Berg auf ihm lag. Aber er schleuderte Decken und Kissen in die Höhe, stieg heraus und sagte: „Nun mag fahren, wer Lust hat", legte sich an sein Feuer und schlief, bis es Tag war. Am Morgen kam der König, und als er ihn da auf der Erde liegen sah, meinte er, er wäre tot. Da sprach er: „Es ist doch schade um den schönen Menschen." Das hörte der Junge, richtete sich auf und sprach: „So weit ist's noch nicht!" Da wunderte sich der König, freute sich aber und fragte, wie es ihm gegangen wäre. „Recht gut", antwortete er, „die Nacht wäre herum!"

Da ward das Gold heraufgebracht und die Hochzeit gefeiert, aber der junge König, so lieb er seine Gemahlin hatte und so vergnügt er war, sagte doch immer: „Wenn mir's nur gruselte, wenn mir's nur gruselte!" Das verdross sie endlich. Ihr Kammermädchen sprach: „Ich will Hilfe schaffen, das Gruseln soll er schon lernen." Sie ging hinaus zum Bach, der durch den Garten floss, und ließ sich einen ganzen Eimer voll Gründlinge holen. Nachts, als der junge König schlief, musste seine Gemahlin ihm die Decke wegziehen und den Eimer voll kaltem Wasser mit den Gründlingen über ihn herschütten, dass die kleinen Fische um ihn herumzappelten. Da wachte er auf und rief: „Ach, was gruselt mir, was gruselt mir, liebe Frau! Ja, nun weiß ich, was Gruseln ist."

Jakob und Wilhelm Grimm

Fortsetzung von Seite 65 **Ein Theaterstück schreiben**

Aufgaben

1. Lest das Märchen genau. Markiert dabei die Figuren (Personen, Tiere) und die Handlungsorte, die in dem Märchen vorkommen.

2. Unterteilt das Märchen in Sinnabschnitte. Gebt jedem Sinnabschnitt eine passende Überschrift.

> Einen neuen **Sinnabschnitt** erkennt man zum Beispiel daran, dass eine neue Figur vorkommt, oder daran, dass der Handlungsort wechselt.

3. Schreibt nun einen Spieltext. Geht so vor:
   - Überlegt, ob ihr einen Erzähler in euer Spiel einbauen wollt. Wenn ja, markiert die Stellen im Text, die der Erzähler vortragen soll.
   - Teilt euch in Gruppen auf und verteilt an jede Gruppe einen Sinnabschnitt des Märchens. Die zuständige Gruppe soll den Sinnabschnitt in eine Theaterszene umschreiben.
   - Legt euch auf einem DIN-A4-Blatt einen Spielplan nach dem folgenden Muster an:

Szene (Titel)	Figuren, Ort und Zeit	Handlung in Stichworten	Dialoge	Regieanweisungen

   - Tragt zuerst ein, wie eure Theaterszene heißt.
   - Notiert dann in der zweiten Spalte die mitwirkenden Figuren, den Handlungsort und die Zeit, zu der die Handlung spielt.
   - Gebt in der dritten Spalte stichwortartig an, was in eurem Märchenabschnitt passiert.
   - Schreibt in die vierte Spalte, was die Figuren sagen sollen. Prüft dabei, ob ihr den Dialog aus dem Märchen übernehmen oder ob ihr den Dialog verändern wollt.
   - Wenn alle Gruppen die vierte Spalte ausgefüllt haben, bildet eine Schreibkonferenz. Überarbeitet eure Spielpläne noch einmal und fügt die Theaterszenen zusammen.

4. Wenn euer Spielplan fertig ist, könnt ihr überlegen, wie die Szenen gespielt werden sollen. In der fünften Spalte eures Spielplans könnt ihr zum Beispiel Bemerkungen dazu eintragen, wie gesprochen werden soll und welche Mimik und Gestik zur Handlung passen.

Der Zauberer und sein Lehrling – aus dem antiken Griechenland

Im Krankenzimmer des Wunderpriesters Eukrates erzählt sich eine Gruppe von Freunden gegenseitig Lügenmärchen. Das folgende Märchen erzählt Eukrates selbst.

Als junger Mann kam ich einst nach Ägypten, wohin mein Vater mich zu Studien geschickt hatte. So fuhr ich auch einmal den Nil hinauf, um den Laut zu hören, den die Säule des Memnon[1] bei Sonnenaufgang von sich gibt. Als wir nun zurückfuhren, da gesellte sich auf dem Schiff ein Mann zu uns, ein Schriftgelehrter von außerordentlichen Kenntnissen; er war aller Weisheit der Ägypter kundig. Er soll, so geht das Gerücht, dreiundzwanzig Jahre in unterirdischen Kammern gelebt haben und dort von Isis[2] selbst Unterricht in der Zauberkunst erhalten haben. Pankrates hieß dieser weise Mann, priesterlich war sein Aussehen, geschoren sein Haupt und in Linnen war er gekleidet, seine Miene war ernst. Zunächst wusste ich nicht, wer er war. Als ich jedoch erblickte, welche Wunder er tat, da erkannte ich, dass es ein heiliger Mann war. Er ritt auf Krokodilen und schwamm mitten unter diesen Ungetümen herum. Sie taten ihm nichts, sondern kamen zutraulich an ihn heran und wedelten mit ihren Schwänzen.

Es dauerte nicht lange, da hatte ich die Gunst des Pankrates gewonnen. So vertraut wurden wir schließlich, dass er mir alle seine Geheimnisse und Zaubereien anvertraute. Schließlich überredete er mich sogar, ihn ganz allein zu begleiten. An einer Dienerschaft wird es uns nicht fehlen, meinte er.

Sooft wir in eine Herberge kamen, nahm Pankrates den Türriegel, den Besen oder einen hölzernen Stößel eines Mörsers, legte diesen Kleider an und sprach Zauberformeln darüber. Und sogleich schienen diese Dinge sich zu bewegen; leibhaftige Menschen wurden daraus, die hin und her gingen, Wasser trugen, Lebensmittel einkauften und diese auch zubereiteten. Wenn wir die Dienste dieser hilfreichen Geister nicht mehr brauchten, so sprach Pankrates wieder einen Zauberspruch, und auf der Stelle wurden sie Türriegel, Besen oder Stößel. Obwohl ich mir alle Mühe gab, dieses Zaubergeheimnis von ihm zu lernen, gelang es mir nicht. Er bewahrte dieses Geheimnis eifersüchtig bei sich und gab es keinem preis, so gefällig er in allen übrigen Dingen auch war.

Eines Tages aber stand ich ganz dicht bei ihm und weil es sehr dunkel in der Kammer war, bemerkte er es nicht. Da sprach er über die Dinge eine Zauberformel aus, die aus nur drei Silben bestand, die ich mir gut merkte.

Am folgenden Tag war Pankrates zum Markt gegangen, wo er noch zu tun hatte. Vorsichtig nehme ich jetzt den Stößel vor, lege ihm Kleider an, spreche drei Zaubersilben über ihn aus und befehle ihm, Wasser zu holen. Und auf der Stelle ging der verzauberte Stößel weg und brachte einen vollen Eimer. „Gut", sage ich, „das genügt, werde nun wieder zum Stößel!" Der Stößel aber will nicht gehorchen, sondern schleppt wieder Wasser herbei, bis endlich das ganze Haus mit Wasser gefüllt war.

Voller Verzweiflung war ich nun und hatte Angst, Pankrates würde bei seiner Rückkehr in Zorn geraten. So packte ich schließlich eine Axt und spaltete den Stößel in zwei Teile. Da aber nahm jede Hälfte einen Eimer und trug Wasser, ich hatte nun statt einem zwei Diener. Im gleichen Augenblick kam Pankrates zurück und sah, was vorgefallen war. Er machte die beiden hilfreichen Stößel wieder zu Holz, was sie vor der Zauberei gewesen waren. Dann aber verließ er mich, ohne mir zu sagen, wohin er ging. Seit dieser Stunde habe ich ihn nie wieder gesehen.

Lukian, Philopseudes (= Der Lügenfreund)

1 Säule des Memnon: Säulen bei Luxor in Ägypten; Memnon (sagenhafter König)
2 Isis: ägyptische Göttin

Aufgaben

1. Eukrates erzählt seine Geschichte im Präteritum. Einmal jedoch wechselt er in das Präsens. Markiere diese Textstelle und erkläre, welche Wirkung Eukrates damit erzielen will.

2. Was könnte Eukrates aus diesem Vorfall lernen? Formuliere eine Lehre.

3. Schreibe selbst ein Märchen, in dem ein Gegenstand in ein menschliches Wesen verwandelt wird, um Dienste zu verrichten. Die Rückverwandlung misslingt jedoch …

4. Johann Wolfgang von Goethe hat dieses Märchen zu einer berühmten Ballade umgearbeitet.
   a) Suche die Ballade. Du kannst in einer Gedichtsammlung oder im Internet nachsehen.
   b) Schreibe auf, in welchen Punkten Märchen und Ballade übereinstimmen.

Pygmalion – aus dem antiken Rom

Nach Ovid (43 v. – 17 n. Chr.):
Auf der schönen Insel Zypern lebte einst Pygmalion, ein Künstler, dessen begnadete Hände die wunderbarsten Dinge zum Leben wecken konnten. Doch scheu und den Frauen feindlich, hatte er sich zurückgezogen und die Gesellschaft der Menschen gemieden. In der Einsamkeit seines Daseins aber formte er sich aus schneeweißem Elfenbein die Gestalt eines Mädchens, schöner als je die Augen der Menschen eines gesehen hatten, und sogleich verliebte er sich in sein eigenes Werk. Das elfenbeinerne Gebilde schien zu leben, sich zu bewegen; voller Bewunderung und Liebe schaute Pygmalion es Tag und Nacht an, und seine Liebe zu der schönen Jungfrau wurde immer größer. Oft fasste er mit seinen Händen das edle Werk an, selbst nicht wissend, ob es aus Elfenbein oder aus Fleisch und Blut war. Küsse gab er ihr und es träumte ihm, die Jungfrau gäbe sie ihm zurück. Geschenke, die junge Mädchen lieben, legte er ihr zu Füßen: Muscheln, Vögel und bunt schillernde Blumen. Schmuck legte er um ihre geschmeidigen Glieder und zierte sie mit prächtigen Gewändern. Zuletzt richtete er ihr sogar ein weiches Lager und legte unter ihren Nacken samtene Polster.

Nun näherte sich in Zypern der Festtag der Aphrodite, der Göttin der Liebe und der Schönheit. Sehnsuchtsvoll und voller Erwartung brachte auch Pygmalion der Göttin ein Opfer dar und bat die Göttin, sie solle ihm doch zumindest eine Frau schenken, die seiner Elfenbeinstatue gleiche. Aphrodite aber verstand, was Pygmalion eigentlich wollte.

Eilig kehrte Pygmalion nach Hause zurück, lief sogleich zum Bild seiner geliebten Jungfrau und küsste sie. Und schon schien es ihm, als seien die wunderbaren Lippen warm. Er küsste sie immer wieder und berührte ihren Arm, und wie Wachs gab da der Arm dem Druck seiner Finger nach; immer wieder berührte er ihre Glieder, und auf einmal erwachte sie zum Leben, schlug die Augen auf und lächelte ihm zu. Überglücklich nahm er nun das junge Mädchen in seine Arme, das ihm errötend folgte. Pygmalion nahm sie zur Frau, und sie gebar ihm zwei Kinder.

Nach George Bernard Shaw:
Der Dramatiker George Bernard Shaw hat nach Ovids Vorlage 1913 eine gleichnamige Komödie verfasst. Hier findest du eine Inhaltsangabe.

Henry Higgins, ein zielstrebiger, aber gefühlskalter Phonetikprofessor, ist davon überzeugt, dass die gesellschaftliche Stellung eines Menschen ausschließlich von dessen Sprache abhängt. Eines Tages begegnet ihm das Blumenmädchen Eliza Doolittle, die zu seinem Studienobjekt wird. Higgins schließt eine Wette darauf ab, dass er Elizas breiten Londoner Akzent innerhalb von sechs Monaten in vollendetes Englisch verwandeln und dem Blumenmädchen damit den Zugang zu den höchsten gesellschaftlichen Kreisen ermöglichen kann. Eliza, verlockt durch die Aussicht auf einen sozialen Aufstieg und ein luxuriöses Leben, unterzieht sich im Hause des Professors einer Sprachschulung. Die Wette ist gewonnen, als Eliza sich bei einem Botschaftsempfang als perfekte Dame präsentiert. Danach jedoch erlischt das Interesse des Professors an Eliza und er überlässt sie ihrem Schicksal.

Fortsetzung auf Seite 69

Fortsetzung von Seite 68   **Pygmalion – aus dem antiken Rom**

Aufgaben

1. Vergleiche die beiden Fassungen miteinander. Berücksichtige dabei die folgenden Fragestellungen:
   - *Welche Gemeinsamkeiten und Unterschiede gibt es zwischen den männlichen Hauptfiguren?*
   - *Welche Gemeinsamkeiten und Unterschiede gibt es zwischen den weiblichen Hauptfiguren?*
   - *Wie ist die Beziehung der beiden „Paare" zueinander zu bewerten?*

2. Übertrage die Ergebnisse aus Aufgabe 1 stichwortartig in die folgende Tabelle.

	Ovids Pygmalion	Shaws Pygmalion
Charakterisierung des Mannes		
Charakterisierung der Frau		
Beziehung des Paares zueinander am Anfang und am Ende		
Folgen für die Frau		

3. Schreibe die Geschichte Ovids weiter. Wähle dazu eine der folgenden Fortsetzungen.
   - *Die Frau befragt ihren Mann nach ihrer Herkunft.*
   - *Die beiden Kinder fragen ihre Eltern, wie sie sich kennen gelernt haben.*
   - *Die Frau entdeckt Probewerkstücke ihres Mannes und bemerkt die Ähnlichkeit.*

4. Entwirf ein Bild deines Traumpartners, du kannst ein Bild zeichnen oder auch eine Collage herstellen Erläutere dazu, worauf du bei deinem Traumpartner besonderen Wert legst.

5. 1956 wurde Shaws Komödie als Musical bearbeitet.
   Unter dem Titel „My Fair Lady" feiert dieses Musical bis heute große Erfolge.
   Informiere dich zum Beispiel in der Bibliothek oder im Internet über dieses Musical und vergleiche es mit den Fassungen von Ovid und Shaw.

Die kluge Tochter – ein usbekisches Märchen

Es lebte einmal ein armer Mann, der eine Tochter von zwölf Jahren hatte. Das ganze Hab und Gut des Alten bestand aus einem Kamel, einem Pferd und einem Esel. Der Alte fällte in den Bergen Holz und brachte es zum Verkauf in die Stadt, die Tochter besorgte den Haushalt.

Eines Tages hatte der Alte sein Kamel mit Holz beladen und führte es auf den Basar. Da trat ein dicker Bei[1] an ihn heran und erkundigte sich:
„Wie viel verlangst du für das Holz?" Der Alte wollte drei Tenga. Da schlug der dicke Bei vor:
„Nimm für das Holz, ‚wie es da ist', zehn Tenga, aber bring es zu mir nach Hause!"
Voller Freude willigte der Alte ein und schaffte das Holz in den Hof des dicken Beis.

Er bekam die versprochenen zehn Tenga, lud das Holz ab und wollte davongehen. Da plötzlich sagte der dicke Bei: „Binde das Kamel an!"
Verwundert meinte der Alte: „Das Kamel gehört doch mir."
„Nein", sagte der dicke Bei. „Ich habe das Holz gekauft, ‚wie es da ist', also zusammen mit dem Kamel. Hätte ich dir Tölpel sonst zehn Tenga dafür bezahlt?"
Sie stritten und stritten, schließlich gingen sie zum Kadi, damit dieser entscheide. Der Kadi fragte den Alten: „Ist es wahr, dass du das Holz, ‚wie es da ist', verkauft hast?"
„Ja, Herr", antwortete der Alte. „Aber das Kamel ist doch dreihundert Tenga wert!"
„Das ist nicht meine Sache, du bist selbst schuld! Du hättest nicht einwilligen dürfen, das Holz zu verkaufen, ‚wie es da ist'!"
Der Kadi befahl, das Kamel dem dicken Bei zu geben, der Alte aber ging weinend nach Hause. Seiner Tochter sagte er nichts davon. Am nächsten Tage packte der Alte dem Pferd das Holz auf und ging wieder auf den Basar. Der dicke Bei ließ nicht auf sich warten.
„Wie viel willst du für das Holz?" „Drei Tenga."
Da sagte der dicke Bei: „Nimm zehn Tenga für das Holz, ‚wie es da ist'!" Der Alte hatte vergessen, was ihm gestern widerfahren war, und stimmte zu. So verlor er auch sein Pferd.

Betrübt kam er nach Hause, verheimlichte aber wieder sein Missgeschick vor seiner Tochter.

Am dritten Tage packte der Alte das Holz dem Esel auf und schickte sich bereits an, auf den Basar zu gehen, da hielt ihn seine Tochter zurück:
„Das letzte und das vorletzte Mal bist du ohne Kamel und ohne Pferd zurückgekommen, Vater. Heute wird

man dir auch den Esel wegnehmen. Besser, ich gehe das Holz verkaufen!"
Der Alte war einverstanden und das Mädchen zog mit dem Esel auf den Basar. Kurz darauf kam der dicke Bei. „Was verlangst du für das Holz?" Das Mädchen verlangte drei Tenga.
Nun sagte der dicke Bei: „Nimm für das Holz, ‚wie es da ist', fünf Tenga!"
Das Mädchen erwiderte: „Und Ihr werdet mir für das Holz das Geld, ‚wie es da ist', geben?"
„Gut, einverstanden, bring das Holz zu mir!"
Das Mädchen lud das Holz bei dem Bei ab und fragte:
„Wo soll ich Euren Esel anbinden?" Der dicke Bei zeigte ihr den Platz.
Das Mädchen band den Esel an und bat um das Geld für das Holz. Der dicke Bei hielt ihm das Geld hin, das Mädchen aber packte ihn flink bei der Hand und sagte:
„Als wir um den Preis feilschten, habt Ihr gesagt, Ihr würdet mir das Geld geben, ‚wie es da ist'. Gebt mir also das Geld zusammen mit Eurer Hand!"
Sie stritten so lange, bis die Nachbarn auf das Geschrei herbeiliefen und beide zum Kadi führten. Der Kadi drehte und wand sich, er dachte tausend Winkelzüge, aber das Mädchen beharrte auf dem Seinen.

Darauf riefen die Leute: „Das Mädchen hat Recht! Ein kluges Mädchen!"
Der Kadi dachte nach und entschied: „Gib deine Hand her!"
Da jammerte der dicke Bei: „Wie soll ich denn ohne die Hand auskommen?"

1 Bei: Herr

Fortsetzung von Seite 70

Die kluge Tochter – ein usbekisches Märchen

„Dann kaufe dich mit fünfzig Goldstücken los." Der Bei zählte die fünfzig Goldstücke ab.
Es tat ihm um das Geld leid und er schlug vor: „Wollen wir eine Wette eingehen: Wer von uns besser lügen kann, der bezahlt noch fünfzig Goldstücke dazu!"
„Gut", stimmte das Mädchen zu. „Aber Ihr seid älter an Jahren, Herr, darum beginnt Ihr."
Der dicke Bei setzte sich bequem hin, räusperte sich und begann:
„Einmal habe ich Weizen gesät. Das Korn ist bei mir so gut gediehen, dass jeder, der mit einem Kamel oder einem Pferd auf das Feld ritt, darin zehn Tage herumirrte. Vierzig Ziegen sind in den Weizen geraten und nicht mehr zum Vorschein gekommen. Als der Weizen reif war, dingte ich Schnitter. Sie mähten und droschen ihn, aber die Ziegen waren nicht zu finden. Als ich aber einen Fladen aus dem Ofen holte, ein Stück abbrach und zu essen begann, hörte ich plötzlich zwischen meinen Zähnen ein ‚Meckmeck'. Aus meinem Mund sprang eine Ziege und dann noch eine und eine dritte. Sie waren so fett geworden, dass sie wie vierjährige Stiere aussahen."
Das Mädchen klatschte in die Hände, lachte und rief:
„Sehr gut! Ihr habt die Wahrheit gesagt, denn dergleichen kommt auf der Welt oft vor. Jetzt hört mich an. Eines Tages grub ich mitten in unserem Dorf den Boden um und säte ein einziges Baumwollsamenkorn. Und was meint Ihr, was geschah? Es wuchs ein riesiger Baum empor, dessen Schatten nach allen Seiten so weit reichte wie ein Tagesritt von unserem Dorf. Als die Baumwolle reif war, rief ich fünfhundert gesunde Frauen mit flinken Händen zum Pflücken und Säubern herbei. Die gesäuberte Baumwolle verkaufte ich, und für das Geld kaufte ich vierzig große Kamele, bepackte sie mit teuren Baumwollstoffen und schickte sie mit meinen beiden Brüdern nach Buchara. Drei Jahre lang habe ich von ihnen nichts gehört. Neulich aber habe ich – o weh! – erfahren, dass sie ermordet wurden. Und jetzt, gute Leute, seht her: Der dicke Bei trägt den Chalat[2] meines mittleren Bruders, den er trug, als er nach Buchara zog. Also habt Ihr meine Brüder getötet, Bei, und Euch ihre Waren und Kamele genommen!"
Da war der dicke Bei in der Zwickmühle: Wenn er zugab, dass die Geschichte des Mädchens wahr sei, würde man ihn wegen Mordes verurteilen und er verlöre seinen Kopf, wenn er aber sagte, die Geschichte sei eine Lüge, dann musste er dem Mädchen gemäß der Abmachung wiederum fünfzig Goldstücke bezahlen.
Lange dachte der Bei nach, schließlich holte er das Geld hervor und bekannte:
„Zum ersten Mal in meinem Leben bin ich überlistet worden!"
Das Mädchen aber nahm Kamel, Pferd und Esel und kehrte fröhlich zu seinem Vater zurück.

2 Chalat: mantelartiges Gewand

Aufgaben

1. Ordne die folgenden Charaktereigenschaften den drei Hauptpersonen des Märchens zu. Du darfst die Eigenschaften mehrmals verwenden.

bescheiden – listig – fleißig – streitsüchtig – schlau – naiv – spitzfindig – leichtgläubig – gerecht – fair – unsicher – hilfsbedürftig – skrupellos – unaufrichtig – selbstbewusst – hilfsbereit – wortgewandt – beharrlich – geldgierig – raffiniert – einsichtig

der Mann: _____

die Tochter: _____

der Bei: _____

2. Begründe deine Zuordnungen aus Aufgabe 1 mit Hilfe des Textes.

3. Am Ende muss der Bei die Geschichte des Mädchens als Lüge bezeichnen. Erkläre, warum ihm nichts anderes übrigbleibt.

4. Schreibe selbst eine Geschichte, die den Bei dazu zwingt, sie als Lüge zu bezeichnen.

Das Märchen ohne Ende – ein tschechisches Märchen

Das Märchen ohne Ende,

das Bozena Nemcova immer dann den Kindern erzählte, wenn sie gar zu sehr bettelten:
„Es war einmal ein Hirte, und der musste gar viele Schafe hüten. Einmal war die goldene Sonne schon hinter die Berge gesunken, er aber weidete seine Schäflein noch hinter einem breiten Bach. Nun wollte er sie nach Hause treiben, doch über den Bach führte nur ein schmaler Steg, sodass immer nur ein Schaf nach dem andern den Bach überqueren konnte. So müssen wir nun warten, bis sie alle auf der anderen Seite sind, dann will ich weitererzählen ..."

„Sind nun die Schafe schon auf der anderen Seite?" (_____)

„Was fällt euch ein, das wird noch lange dauern, ehe sie alle drüben sind!" (_____)

„Sind sie immer noch nicht auf der anderen Seite?" (_____)

„Das dauert gewiss bis zum Morgen. Aber dann wird sie der Hirte nicht mehr nach Hause treiben, sondern sie wieder auf die Weide führen. Und morgen wird es dann auch ein neues Märchen geben."

(_____)

Aufgaben

1. Notiere den Grund dafür, dass Bozena Nemcova gerade dieses Märchen erzählt.
   Der Titel des Märchens hilft dir bei der Antwort.

   _____

   _____

2. Schreibe in die Klammern hinter der direkten Rede, wer jeweils spricht.

3. Markiere das eigentliche Märchen und die Rahmenhandlung mit unterschiedlichen Farben.

4. Schreibe ein neues Märchen von dem Hirten und seinen Schafen.
   Du kannst dir eine der folgenden Situationen aussuchen oder selbst eine Situation erfinden.
   Die Schafe laufen ...

   durch ein enges Tal / auf einem schmalen, abschüssigen Weg / an einer Wolfshöhle vorbei / durch einen Bach

Pate Mathias – ein tschechisches Märchen

Der Pate Mathias ging den Paten Georg besuchen. Vor dem Hofe traf er den Sohn des Paten. Was macht denn dein Vater, Josef?, fragte er. Er wollte gerade mit dem Essen beginnen, als er Euch aber um die Ecke biegen sah, stand er auf und ließ das Essen stehen, antwortete der wahrheitsliebende Knabe.
Und warum tat er das?
5 Nun, der Vater hat gesagt, Ihr würdet uns zu viel wegessen. So musste die Mutter alles vom Tische räumen.
Und wo hat sie es versteckt, Josef?
Die Gans hat sie in die Röhre getan, die Schweinskeule auf den Ofen, die Wurst mit dem Kraut ins Ofenrohr, den Kuchen in den Schrank und zwei Krüge mit Bier unter die Bank.
Der Pate Mathias fragte nicht länger, er lachte nur und ging zum Paten Georg.
10 Einen schönen guten Tag!, begrüßte ihn der. Schade, dass du nicht ein Weilchen früher gekommen bist, denn dann hättest du mit uns essen können. Aber gerade heute ist vom Essen nichts übrig geblieben.
Es war mir nicht möglich, früher zu kommen. Mir ist unterwegs etwas Seltsames begegnet.
Was denn? Erzähle!
Ich habe eine Schlange erschlagen, die hatte einen so großen Kopf wie die Keule, die bei Euch auf dem Ofen
15 steht, war dick wie die Gans, die in der Röhre liegt. Ihr Fleisch war so weiß wie der Kuchen im Schrank, und sie war so lang wie die Würste im Kraut dort im Ofenrohr. Ihr Blut floss wie das Bier in den beiden Krügen dort unter der Bank.
Du hast es gut getroffen, Mathias.
Pate Georg schämte sich wegen seiner Ungastlichkeit, und die Frau musste Essen und Bier wieder auf den
20 Tisch bringen. Dann bewirteten sie ihren Gast, wie es sich gehört.

Aufgaben

1. In dem Text fehlen die Anführungszeichen in der wörtlichen Rede.
   Ergänze sie mit einem Farbstift.

2. In diesem Bild sind vier Speisen versteckt. Schreibe auf, wo die Speisen versteckt sind.

_____

_____

_____

3. Warum erzählt der Pate Mathias die Geschichte von der Schlange?
   Überlege zuerst, was er stattdessen hätte tun können, und notiere dann deine Vermutung.

Das Klapperstorch-Märchen – ein französisches Märchen

Wovon die Beine der Teckel[1] so kurz sind und dass sie sich dieselben abgelaufen haben, weiß jeder. Wie aber der Storch zu seinen langen Beinen gekommen ist, das ist eine ganz andere Geschichte.

Drei Tage nämlich, ehe der Storch ein kleines Kind bringt, klopft er mit seinem roten Schnabel an das Fenster der Leute, welche es bekommen sollen, und ruft:

    Schafft eine Wiegen,
    Ein' Schleier für die Fliegen,
    Ein buntes Röcklein,
    Ein weißes Jäcklein,
    Mützchen und Windel:
    Bring' ein klein Kindel!

Dann wissen die Leute, woran sie sind. Doch zuweilen, wenn er sehr viel zu tun hat, vergisst er es, und dann gibt's große Not, weil nichts fertig ist.

Bei zwei armen Leuten, welche im Dorf in einer kleinen Hütte wohnten, hatte es der Storch auch vergessen. Als er mit dem Kinde kam, war niemand zu Hause. Mann und Frau waren auf Feldarbeit gegangen und Türe und Fenster verschlossen; auch war nicht einmal eine Treppe vor dem Hause, auf die er es hätte legen können. Da flog er auf's Dach und klapperte so lange, bis das ganze Dorf zusammenlief und eine alte Frau eilend auf's Feld hinaussprang, um die Leute zu holen.

„Herr Nachbar, Frau Nachbarin! Herr Nachbar, Frau Nachbarin!", riefen sie schon von Weitem, ganz außer Atem, „um Gottes Willen! Der Storch sitzt auf eurem Hause und will euch ein kleines Kind bringen. Niemand ist da, der ihm's Fenster aufmachen kann. Wenn ihr nicht bald kommt, lässt er's fallen, und's gibt ein Unglück. Oben beim Müller hat er es vor drei Jahren auch fallen lassen, und das arme Wurm ist noch heute bucklig."

Da liefen die beiden Hals über Kopf nach Haus und nahmen dem Storche das Kind ab. Wie sie es besahen, war es ein wunderhübscher kleiner Junge, und Mann und Frau waren vor Freude außer sich. Doch der Storch hatte sich über das lange Warten so geärgert, dass er sich vornahm, ganz bestimmt den beiden Leuten nie wieder ein Kind zu bringen. Als sie endlich kamen, sah er sie schon ganz schief und ärgerlich an, und während er fortflog, sagte er noch: „Heute wird's auch wieder spät werden, ehe ich zu meiner Frau Storchen in den Sumpf komme. Ich habe noch zwölf Kinder auszutragen, und es ist schon spät. Das Leben wird einem doch recht sauer!"

Doch die beiden Leute hatten in ihrer Herzensfreude es gar nicht bemerkt, dass sich der Storch so schwer geärgert. Eigentlich war er ja auch ganz allein daran schuld, dass er so lange hatte warten müssen, weil er es doch vergessen hatte, es ihnen vorher zu sagen.

Wie nun das Kind wuchs und täglich hübscher wurde, sagte eines Tages die Frau:

„Wenn wir dem guten Storch, der uns das wunderhübsche Kind gebracht hat, nur irgendetwas schenken könnten, was ihm Spaß machte! Weißt du nichts? Mir will gar nichts einfallen!"

„Das wird schwer halten", erwiderte der Mann; „er hat schon alles!"

Am nächsten Morgen jedoch kam er zu seiner Frau und sagte zu ihr:

„Was meinst du, wenn ich dem Storch beim Tischler ein paar recht schöne Stelzen machen ließe? Er muss doch immer in den Sumpf, um Frösche zu fangen, und dann wieder in den großen Teich hinterm Dorf, aus dem er die kleinen Kinder herausholt. Da muss er doch sehr oft nasse Füße bekommen! Ich dächte auch, er hätte damals, als er zu uns kam, ganz heiser geklappert."

„Das ist ein herrlicher Einfall!", entgegnete die Frau. „Aber der Tischler muss die Stelzen recht schön rot lackieren, damit sie zu seinem Schnabel passen!"

„So?", sagte der Mann; „meinst du wirklich rot? Ich hatte an grün gedacht."

„Aber bester Schatz!", fiel die Frau ein, „wo denkst du hin? Ihr Männer wisst doch niemals, was zusammenpasst und gutsteht. Sie müssen unbedingt rot sein!"

Da nun der Mann sehr verständig war und stets auf seine Frau hörte, so bestellte er denn wirklich rote Stelzen, und als sie fertig waren, ging er an den Sumpf und brachte sie dem Storch.

Und der Storch war sehr erfreut, probierte sie gleich und sagte: „Eigentlich war ich auf euch recht böse, weil ihr mich damals so lange habt warten lassen. Weil ihr aber so gute Leute seid und mir die schönen roten Stelzen schenkt, so will ich euch auch noch ein kleines Mädchen bringen. Heute über vier Wochen werde ich kommen. Dass ihr mir dann aber auch hübsch zu Hause seid, und express[2] es erst noch einmal ansagen werde ich nun nicht. Den Weg kann ich mir sparen! – Hörst du?"

„Nein, nein!", erwiderte der Mann. „Wir werden sicher zu Hause sein. Du sollst diesmal keinen Ärger davon haben."

Als die vier Wochen um waren, kam richtig der Storch geflogen und brachte ein kleines Mädchen, das war

---

1 Teckel: Dackel
2 express: schnell, direkt

Fortsetzung auf Seite 75

Fortsetzung von Seite 74 **Das Klapperstorch-Märchen – ein französisches Märchen**

noch hübscher als der kleine Junge, und war nun gerade das Pärchen voll. Auch blieben beide Kinder hübsch und gesund, und die Eltern auch, sodass es eine rechte Freude war. –

Nun wohnte aber im Dorf noch ein reicher Bauer, der besaß ebenfalls nur einen Knaben und der war noch dazu ziemlich garstig, und der Bauer wünschte sich auch noch ein Mädchen dazu. Als er vernahm, wie es die armen Leute angefangen, dachte er bei sich, es könnte ihm gar nicht fehlen. Er ging sofort zum Tischler und bestellte ebenfalls ein paar Stelzen, viel schöner als die, welche die armen Leute hatten anfertigen lassen. Oben und unten mit goldenen Knöpfen und in der Mitte grün, gelb und blau geringelt. Als sie fertig waren, sahen sie in der Tat ungewöhnlich schön aus.

Darauf zog er sich seinen besten Rock an, nahm die Stelzen unter den Arm und ging hinaus an den Sumpf, wo er auch gleich den Storch fand.

„Ganz gehorsamer Diener Euer Gnaden!", sagte er zu ihm und machte ein tiefes Kompliment.

„Meinst du mich?", fragte der Storch, der auf seinen schönen roten Stelzen behaglich im Wasser stand.

„Ich bin so frei!", erwiderte der Bauer.

„Nun, was willst du?"

„Ich möchte gern ein kleines Mädchen haben, und da hat sich meine Frau erlaubt, Euer Gnaden ein kleines Geschenk zu schicken. Ein paar ganz bescheidene Stelzen."

„Da mach nur, dass du wieder nach Hause kommst!", entgegnete der Storch, indem er sich auf einem Beine umdrehte und den Bauern gar nicht wieder ansah. „Ein kleines Mädchen kannst du nicht bekommen; und deine Stelzen brauche ich auch nicht! Ich habe schon zwei sehr schöne rote, und da ich meist nur eine auf einmal benutze, so werden sie wohl sehr lange vorhalten. – Außerdem sind ja deine Stelzen ganz abscheulich hässlich. Pfui!, blau, grün und gelb geringelt wie ein Hanswurst! Mit denen dürfte ich ja der Frau Storchen gar nicht unter die Augen kommen."

Da musste der reiche Bauer mit seinen schönen Stelzen abziehen, und ein kleines Mädchen hat er sein Lebtag nicht bekommen.

Aufgaben

1. Erkläre die folgenden Formulierungen aus dem Zusammenhang.

   das wird schwer halten: _____

   ein tiefes Kompliment machen: _____

   das Leben wird einem sauer: _____

2. Erkläre, warum der Ärger des Storchs gegen die armen Leute nicht gerecht ist.

3. Das Märchen beantwortet kleineren Kindern zwei interessante Fragen. Schreibe zuerst die Frage und dann die Antwort auf.

   1. Frage: _____

   Antwort: _____

   2. Frage: _____

   Antwort: _____

4. Der Storch ist in diesem Märchen eine Figur mit sehr unterschiedlichen Eigenschaften. Beschreibe die Persönlichkeit des Storchs mit Hilfe des Textes so genau wie möglich.

Der Zauberhut – ein Eskimo-Märchen

Ein Jäger namens Kejan fand eines Tages in einer seiner Fallen einen wunderschönen Silberfuchs, der mit seinen Hinterläufen gefangen war. Er wollte ihn töten, aber da bat der Fuchs mit menschlicher Stimme:

„Lass mich leben, Jäger, es soll dein Schaden nicht sein. Ich werde dich reich belohnen."

Als sich der Jäger von seiner Überraschung erholt hatte, meinte er:

„Womit könntest du mich schon belohnen, Fuchs? Den größten Lohn bekomme ich für dein silbernes Fell."

„Da irrst du dich aber", erwiderte der Fuchs. „Mein Fell bringt dir lange nicht so viel Nutzen wie dieser hölzerne Hut hier."

Er fuhr sich mit der Pfote über die Brust und hielt dem Mann einen kleinen, spitzen hölzernen Hut hin.

„Er gehört dir, wenn du mir das Leben schenkst."

‚Was soll ich damit?', dachte der Jäger. ‚Wenn es wenigstens ein richtiger Hut wäre und nicht so ein kleines Hütchen.' Aber zugleich überlegte er sich, dass ein Fuchs, der sprechen konnte, sicher kein gewöhnlicher Fuchs war.

‚Ach was, auf ein Fell mehr oder weniger kommt es wirklich nicht an', sagte er sich schließlich, bückte sich und befreite den Fuchs vorsichtig aus dem Eisen.

„Du wirst es nicht bereuen", sprach der Fuchs und reichte ihm den Hut. „Wenn du ihn aufhast, kann dir nie etwas zustoßen."

‚Er ist ja so klein, dass ich ihn gar nicht aufsetzen kann', wollte der Jäger erwidern, aber dann versuchte er es erst einmal, und siehe da, der Hut nahm genau die richtige Größe an und passte wie angegossen. Und als er ihn abnahm, wurde er wieder so klein wie zuvor.

„Sieh einer an", murmelte Kejan überrascht. „Es scheint tatsächlich ein Zauberhut zu sein!" Er wollte sich bei dem Fuchs bedanken, aber der war inzwischen spurlos verschwunden.

So machte er sich denn ohne Fell auf den Heimweg. Plötzlich wurde er von einem Schneesturm überrascht. Er konnte keinen Schritt weit sehen. Ein rasender Wind drückte ihn zu Boden, um ihn gleich darauf wieder hochzureißen, kurz, er trieb ihn vor sich her wie einen Schneeball. Der Jäger hatte bald die Orientierung verloren und bekam Angst, er würde nie mehr nach Hause finden und in den Schneemassen umkommen.

Da fiel ihm der Hut ein, den ihm der Fuchs geschenkt hatte. Er zog ihn hervor und setzte ihn auf, vorsorglich darauf bedacht, dass der Sturm ihn nicht wegriss, und siehe!, der Hut bedeckte ihm nicht nur den Kopf, sondern wuchs derart, dass sich Kejan ganz darunter verstecken konnte. In dem Hut war es warm und trocken wie in einem Iglu, so warm und gemütlich, dass der Jäger auf der Stelle einschlief. Als er erwachte und die Hutkrempe ein wenig anhob, da sah er, dass der Sturm sich inzwischen gelegt hatte und die Sonne wieder schien. Der Fuchs hatte nicht übertrieben: Der Hut schützte ihn wirklich vor jeglicher Gefahr.

Seit der Zeit trug Kejan das Geschenk des Fuchses ständig bei sich.

Aufgaben

1. Jäger und Fuchs schließen ein Geschäft ab.
   Erkläre mit eigenen Worten, worin dieses Geschäft besteht.

2. Erzähle die folgende Geschichte weiter.
   Überlege dabei, welche Rolle der Zauberhut bei Kejans Rettung spielen könnte.

Als Kejan und sein Bruder einmal auf Robbenjagd waren, drohte ihnen Gefahr durch das Treibeis. Während sich der Bruder mit seinem leichten Boot noch retten konnte, hatte Kejan Probleme, sich mit seinem Boot, das durch die Beute schwer und unbeweglich war, den Rückweg durch das Eis zu bahnen …

Tipp: Schmücke den Höhepunkt der Geschichte – Kejans Rettung – besonders aus.

Der kluge Dieb – ein chinesisches Märchen

Es war einmal ein Dieb, der hatte eine Tabakspfeife gestohlen, war dabei gefasst worden und saß nun im Gefängnis. Er sann darauf, wie er fliehen könnte. Aber die Gefängniswärter passten zu gut auf. Eines Tages bat er den Wärter, ihn zum König zu führen. „Willst du etwa beim König Audienz¹ haben?", fragte der Wärter. „Ja, ich habe eine Kostbarkeit, die will ich dem König überreichen."

„Warum kommst du?", fragte der König. „Ich möchte Eurer Majestät eine Kostbarkeit überreichen." Und da holte der Dieb aus seiner Tasche ein kleines, in Papier eingewickeltes Päckchen hervor. Der König öffnete es: „Aber das ist doch ein ganz gewöhnlicher Birnenkern!" „Es ist ein Birnenkern", gab der Dieb zu, „aber kein alltäglicher! Es ist eine Kostbarkeit: Wer ihn sät, der erntet goldene Birnen!" „Warum hast du ihn denn nicht selbst gesät?", wollte der König wissen.

„Das hat seinen Grund: Nur Menschen, die nicht gestohlen oder unterschlagen haben, dürfen ihn säen, sonst trägt er bloß gewöhnliche Birnen. Ich bin ein Dieb, also hat es für mich keinen Zweck, ihn zu säen. Darum habe ich ihn Eurer Majestät gebracht, weil Eure Majestät doch bestimmt noch nichts unterschlagen oder gar gestohlen haben." „Nein, nein, das geht nicht", sagte der König. Er hatte nämlich als kleiner Junge seiner Mutter einmal Geld gestohlen.
Der Dieb schlug den Kanzler vor. „Nein, nein", sagte der Kanzler. Er ließ sich leider bestechen und machte jeden zum Beamten, der ihm ordentlich Geld gab. Und wer ihm kein Geld gab, der wurde trotz aller Verdienste nie Beamter.
Der Dieb schlug den General vor. „Nein, nein", sagte der General. Er unterschlug nämlich, wenn er zum Kampfe auszog, immer die Hälfte des Soldatensoldes. Außerdem prahlte er mit Heldentaten, die er nicht selbst vollführt hatte. Der Dieb schlug den Kreisleiter vor. „Nein, nein", antwortete der. Er fragte nie nach Recht oder Unrecht, sondern nur: „Geld oder kein Geld". Wer ihm Geld gab, der bekam immer Recht. Nun schlug der Dieb den Gefängnisleiter vor. „Nein, nein", sagte der mit abwehrender Handbewegung. Er erkundigte sich erst bei jedem Verbrecher, der eingeliefert wurde, ob er noch Geld hätte. Hatte er Geld, so behandelte er ihn nicht schlecht; hatte er aber keins, dann ging es ihm übel!
Immer wieder schlug der Dieb jemanden vor, aber keiner wollte den Birnenkern säen. Da begann er laut zu lachen. „Ihr unterschlagt, Ihr stehlt, aber Ihr kommt nie ins Gefängnis! Ich habe nur eine Tabakspfeife gestohlen und soll dafür im Gefängnis sitzen?" Da konnte der König nichts erwidern und ließ ihn frei.

1 Audienz: Anhörung

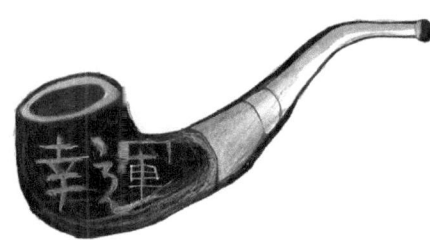

Aufgaben

1. Schreibe auf, wem der Dieb den Birnenkern nacheinander anbietet.

   dem König ⟶ _____ ⟶ _____ ⟶ _____

   ⟶ _____

2. Warum müssen alle Gefragten den Birnenkern ablehnen?
   Antworte in einem Satz.

   _____

   _____

3. In diesem Märchen wird Kritik an der Gesellschaft geübt.
   Erläutere, worin diese Kritik besteht, und nimm zu der Kritik Stellung.

Lösungen

S. 6 und 7 Wie und warum entsteht ein Märchen?
zu 3, zum Beispiel:
1. Grund: Ein Märchen kann durch einen alten Volksaberglauben entstehen.
2. Grund: Ein Märchen kann entstehen, um ein naturwissenschaftliches Phänomen zu erklären.
3. Grund: Ein Märchen kann entstehen, um eine bestimmte Moralvorstellung zu vermitteln.

S. 10 und 11 Märchen, Sage oder Fabel?
zu 1 und 2:
Volksmärchen: kurze Erzählung, phantastisch-wunderbare Begebenheiten, freie Erfindung, Happy End, mündlich überliefert, schwarz-weiße Weltordnung
Sage: kurze Erzählung, phantastisch-wunderbare Begebenheiten, hat den Anspruch, wahrheitsgemäß zu sein, historische Wurzeln, auf einen Ort bezogen
Fabel: kurze Erzählung, freie Erfindung, Moral, Verfasser in der Regel bekannt, witzig-satirisch

zu 3:
Die beiden Frösche: Fabel
Die schwarze Greet: Sage
Das Lämmchen und Fischchen: Märchen

S. 12 und 13 Verse und Zaubersprüche
zu 1 und 2 (Titel/Sprecher):
Manntje …: Vom Fischer und seiner Frau/der Fischer
Frau Königin …: Schneewittchen/der Spiegel
Wovon …: Tischlein deck dich/die Ziege
Heute …: Rumpelstilzchen/Rumpelstilzchen
Was …: Der Wolf und die sieben Geißlein/der Wolf
Knusper …: Hänsel und Gretel/die Hexe spricht die ersten zwei Zeilen, die Kinder sprechen die Zeilen drei und vier
Rucke …: Aschenputtel/die zwei weißen Täubchen

S. 18 bis 20 Märchen lesen mit Sigmund Freud
zu 1:
links: ES; Befriedigung von Bedürfnissen
Mitte: ICH; Vermittlung zwischen ES und ÜBER-ICH
rechts: ÜBER-ICH; Einhaltung von Normen

S. 21 Märchenquiz
zu 1 und 2:
1. Rotkäppchen
2. Hans im Glück
3. Dornröschen
4. Der Froschkönig
5. Die Prinzessin auf der Erbse
6. Der gestiefelte Kater
7. Frau Holle
8. Der Wettlauf zwischen dem Hasen und dem Igel
9. Tischlein deck dich (auch: Goldesel und Knüppel aus dem Sack)
10. Rapunzel

S. 22 Märchenprofi – ein Quiz
zu 1 und 2:
1 gierig; 2 Mus; 3 ein Meisterstück; 4 fünfundzwanzig; 5 der Kaiser; 6 zwanzig; 7 Schwan; 8 Schrift und Dose; 9 mit Kuchen und Wein; 10 Gott

S. 23 bis 25 „Dortchen" und die Brüder Grimm
zu 1:
1. 1825; 2. 1805; 3. 1809; 4. 1830; 5. 1859; 6. 1805

S. 38 bis 40 Hans im Glück
zu 1:
Goldklumpen, Pferd, Kuh, Schwein, Gans, Schleifstein, nichts

S. 41 Der süße Brei
zu 1:
– die wusste von seinem Kummer;
– sie hatten keinen Hunger mehr zu leiden;
– für eine gewisse Zeit

zu 2 und 3:
Das Märchen lautet im Original:
Es war einmal ein armes frommes Mädchen, das lebte mit seiner Mutter allein, und sie hatten nichts mehr zu essen. Da ging das Kind hinaus in den Wald, und es begegnete ihm da eine alte Frau, die wusste seinen Jammer schon und schenkte ihm ein Töpfchen, zu dem sollt es sagen: „Töpfchen koche", so kochte es guten süßen Hirsebrei, und wenn es sagte: „Töpfchen steh", so hörte es wieder auf zu kochen. Das Mädchen brachte den Topf seiner Mutter heim, und nun waren sie ihrer Armut und ihres Hungers ledig und aßen den süßen Brei, sooft sie wollten. Auf eine Zeit war das Mädchen ausgegangen, da sprach die Mutter: „Töpfchen koche!" Da kocht es und sie isst sich satt; nun will sie, dass das Töpfchen wieder aufhören soll, aber sie weiß das Wort nicht. Also kocht es fort und der Brei steigt über den Rand hinaus und kocht immerzu, die Küche und das ganze Haus voll, und das zweite Haus und dann die Straße, als wollts die ganze Welt satt machen, und ist die größte Not und kein Mensch weiß sich da zu helfen. Endlich, wie nur noch ein einziges Haus übrig ist, da kommt das Kind heim und spricht nur: „Töpfchen steh!", da steht es und hört auf zu kochen; und wer wieder in die Stadt wollte, der musste sich durchessen.

S. 43 Märchen-Kreuzworträtsel
zu 1 und 2:
1. Apfel; 2. Bremen; 3. Spindel; 4. Schneewittchen; 5. Rumpelstilzchen
Lösungswort: Prinz

S. 47 und 48 Hans Christian Andersen
zu 3:
Der benannte Unterschied ist folgender: Volksmärchen werden nicht von einem Schriftsteller erfunden, sondern

Lösungen

mündlich im Volk erzählt. Die Brüder Grimm haben die Volksmärchen lediglich gesammelt und überarbeitet. Hans Christian Andersen hingegen hat sich viele seiner Märchen selbst ausgedacht.

S. 62 Rotkäppchen in der Behörde – eine Parodie
zu 2:
Der Autor parodiert vor allem die Umständlichkeit des Behördendeutsch. So heißt es zum Beispiel nicht ganz schlicht „das Essen war knapp", sondern „Verknappung auf dem Ernährungssektor".

S. 63 Rotkäppchen im Pelz – ein Gedicht
zu 1 bis 3:
Als Hunger einst den Wolf sehr quälte,
Weil's an 'ner deft'gen Mahlzeit fehlte,
Lief er geschwind zu Omas Haus,
Klopft, und sie öffnet, und o Graus.

Sieht, wie er da die Zähne bleckt.
Du lieber Gott, ist die erschreckt.
Der Wolf, der fragt „Darf ich herein?"
„Du willst mich fressen!", tut sie schreien.

Die Worte waren kaum verklungen,
Da hat der Wolf sie schon verschlungen,
Denn sie war klein und mager auch.
Dem Wolf dem knurrt noch sehr der Bauch.

Ach, diese Mahlzeit war recht kläglich,
Mich hungert's ja noch unsäglich.
Und in die Küche wütend rannt er,
Doch nicht einmal 'nen Knochen fand er.

Ich wart einfach aufs nächste Häppchen,
Denn aus dem Wald kommt bald Rotkäppchen.
So denk er, schlüpft im Omas Kleider,
(Die waren ja noch übrig leider).

Er legte Jacke an und Haube
Und selbst die Schuhe, wie ich glaube.
Er kämmt sein Haar und brennt sich Locken,
Um dann in Omas Stuhl zu hocken.

Rotkäppchen kam dann schließlich an.
Sie stockte, staunte, sagte dann:
„O Oma, hast du große Ohren!"
Der Wolf: „So geht kein Wort verloren!"

„O Oma, hast du große Augen!"
„Damit sie dich zu sehen taugen!"
Der Wolf, der grinst dabei versteckt:
Wie die wohl nach der Omi schmeckt!

Verglichen mit der Omama
Schmeckt die bestimmt wie Kaviar!
Rotkäppchen sagte dann noch schnell:
„Hast du 'nen dicken Pelz von Fell!"

Da rief der Wolf: „Du dummes Ding!
Als ob mein Pelz dich was anging!
Die Zähne hast du ganz vergessen!
Na ja, ich wird dich dennoch fressen!"

Die Kleine lächelt wie ein Röschen,
Zieht 'ne Pistole aus dem Höschen
Und schießt den Wolf, der ihr da droht,
Peng, peng, ganz mausetot.

Paar Wochen später dann im Wald,
Traf ich die, die ihn abgeknallt,
Doch hätt ich sie fast nicht erkannt.
Kein Käppchen und kein rot Gewand!

Sie rief: „Hallo, nun staun und sage,
Was für 'nen schönen Pelz ich trage!"

S. 67 Der Zauberer und sein Lehrling – aus dem antiken Griechenland
zu 1:
Eukrates verwendet das Präsens, um seine Erzählung spannender zu machen.
zu 4:
Es geht um die Ballade „Der Zauberlehrling".

S. 70 und 71 Die kluge Tochter – ein usbekisches Märchen
zu 1, zum Beispiel:
der Mann: bescheiden, naiv, fleißig, leichtgläubig
die Tochter: schlau, listig, gerecht, hilfsbereit, wortgewandt
der Bei: listig, skrupellos, wordgewandt, geldgierig

S. 72 Das Märchen ohne Ende – ein tschechisches Märchen
zu 2:
die Kinder, Bozena Nemcova, die Kinder, Bozena Nemcova

S. 73 Pate Mathias – ein tschechisches Märchen
zu 2:
Eine Wurst an der Leine.
Ein Kuchen auf der Anrichte.
Ein Hähnchen hinter dem Ofenrohr.
Ein Fisch unter dem Stuhl.

S. 74 und 75 Das Klapperstorch-Märchen – ein französisches Märchen
zu 1:
– das wird uns schwerfallen
– eine tiefe Verbeugung machen
– das Leben macht keinen Spaß

S. 77 Der kluge Dieb – ein chinesisches Märchen
zu 1:
dem König, dem Kanzler, dem General, dem Kreisleiter, dem Gefängnisleiter

Quellen

Textquellen

S. 6: Die Sterntaler; S. 11: Das Lämmchen und Fischchen; S. 19 und 20: Frau Holle; S. 26: Die drei Brüder; S. 27: Die drei Faulen; S. 27: Die Brautschau; S. 29: Rätselmärchen; S. 30: Die Bienenkönigin; S. 32: Rumpelstilzchen; S. 34: Die drei Spinnerinnen; S. 36: Doktor Allwissend; S. 38: Hans im Glück; S. 41: Der süße Brei; S. 64: Von einem, der auszog, das Fürchten zu lernen. Aus: Brüder Grimm: Kinder und Hausmärchen. Reclam, Ditzingen 2001.
S. 11: Äsop: Die beiden Frösche.
S. 11: Die schwarze Greet. Eine Sage aus Schleswig-Holstein.
S. 16: Scheherezade – eine Märchenerzählerin. Nach: Wie die schöne Scheherezade den wilden Sultan zähmte. Aus: Märchen aus 1001 Nacht. www.internetmaerchen.de/index1.htlm
S. 49: Die Prinzessin auf der Erbse; S. 50: Der Tannenbaum; S. 55: Die Galoschen des Glücks. Aus: Andersens Märchen. In neuer Übersetzung von L. Tronier Funder. Gefion Verlag, Berlin um 1920. Nach: http://gutenbergspiegel.de/andersen/maerchen.
S. 58: Janosch, Die Bremer Stadtmusikanten. Aus: Janosch erzählt Grimms Märchen. Beltz und Gelberg, Weinheim 1980, 6. Auflage. S. 147–155.
S. 62: Rotkäppchen in der Behörde. Aus: www.informatik.uni-freiburg.de/diesch/rotkaeppchen/beamte; © Florian Diesch.
S. 63: Rotkäppchen im Pelz. Aus: www.informatik.uni-freiburg.de/diesch/rotkaeppchen; © Florian Diesch.

S. 67: Der Zauberer und sein Lehrling. Aus: Märchen der Antike. Hrsg. und bearbeitet v. Erich Ackermann. Fischer Taschenbuch Verlag, Frankfurt a. M. 1982, S. 103–105.
S. 68: Ovid: Pygmalion.
S. 70: Die kluge Tochter. Aus: Usbekische Volksmärchen. Übersetzt von Vera Nowak. Raduga-Verlag, Moskau 1984, S. 106–110.
S. 72: Das Märchen ohne Ende. Aus: Nach sieben Tagen und sieben Nächten … Tschechische Märchen. Übersetzt von Ottokar Bischitzky. Der Kinderbuchverlag, Berlin, S. 246.
S. 73: Pate Mathias. Aus: Nach sieben Tagen und sieben Nächten … Tschechische Märchen. Übersetzt von Ottokar Bischitzky. Der Kinderbuchverlag, Berlin, S. 184–185.
S. 74: Das Klapperstorch-Märchen. Aus: Richard v. Volkmann-Leander. Träumereien an französischen Kaminen; Märchen. Fischer Taschenbuch Verlag, Frankfurt a. M. 1978, S. 97–101.
S. 76: Der Zauberhut. Aus: Eskimomärchen. Nacherzählt von Jan Suchl. Übersetzt von I. Kondrková. Illustrationen von Denisa Wagnerová. Arta Verlag, Praha 1984. In Deutschland: Verlag Werner Dausien, Hanau, S. 71–72.
S. 77: Der kluge Dieb. Aus: Die schönsten Märchen der Welt für 365 und einen Tag. Hrsg.v. Lisa Tetzner. Büchergilde Gutenberg, Frankfurt a. M. Gesamtherstellung Velhagen & Klasing. Bielefeld 1952, S. 149–150.

Bildquellen

Umschlagillustrationen: Sylvia Graupner, Annaberg
Umschlagbilder: (1001 Nacht): akg-images, Berlin; (Andersen-Denkmal): picture-alliance/dpa, Frankfurt a. M.; (Sigmund Freud): picture-alliance/IMAGNO/Sigmund Freud Privatstiftung, Frankfurt a. M.
S. 16: akg-images. Berlin;
S. 18: picture-alliance/IMAGNO/Sigmund Freud Privatstiftung, Frankfurt a. M.;
S. 22: picture-alliance/© Werner Otto/OKAPIA KG, Germany;
S. 25 links: picture-alliance/IMAGNO/Schostal Archiv, Frankfurt a. M.;
S. 25 rechts: picture-alliance/dpa, Frankfurt a. M.;
S. 47: picture-alliance/dpa, Frankfurt a. M.;
S. 57: © www.cartoon-agentur.de